CALLWEY

CALLWEY

Christian Tröster

TRAUMHÄUSER UNTER 200.000 EURO

Architektenhäuser für kleines Budget

30 Einfamilienhäuser

Inhalt

Häuser für kleines Budget und große Ansprüche

Ein Haus zu bauen, ist für die meisten Menschen die größte Einzelinvestition ihres Lebens. Dass die Ergebnisse auch dann ansehnlich, praktisch, hochwertig und schön sein können, wenn die Mittel beschränkt sind, das soll dieses Buch anhand von 30 Beispielen zeigen. Es sind von Architekten entworfene Häuser für Familien oder ältere Damen, für Kinder, für Paare oder Singles. Oder, wenn der Architekt zugleich als Bauträger fungierte, für jemanden, von dem er noch gar nicht wusste, wer es sein würde. Es sind Häuser aus Holz und Stein dabei, einige, die von winziger Grundfläche aus in die Höhe streben, und andere, die sich in der Fläche ausbreiten. Die meisten befinden sich in Neubaugebieten und in Kleinstädten, manche aber auch mitten in der Stadt, dann meist in Hinterhoflagen.

EINE ZU FRÜHE FIXIERUNG AUF EINEN FESTPREIS BESCHRÄNKT NICHT NUR DIE FANTASIE, SONDERN AUCH DIE AUFMERKSAMKEIT.

→ Es ist ein Buch, das in seinem Titel mit dem Preis argumentiert. Die Begriffe „Festpreis" und „schlüsselfertig" stehen oft am Anfang jeder Beschäftigung mit dem Thema Hausbau. „Können wir uns das leisten?", lautet die erste und oft alles entscheidende Frage. Es erscheint vernünftig, so zu beginnen, haben doch viele schon einmal im Bekannten- oder Familienkreis Horrorgeschichten darüber gehört, wie die Kosten bei einem Hausbau entgleisen können. Und doch muss vor einer Engführung des Blicks allein auf das Budget gewarnt werden. Eine zu frühe Fixierung auf einen Festpreis beschränkt nicht nur die Fantasie, sondern auch die Aufmerksamkeit. Und ein Mangel daran hat schon manchem Bauherrn mehr unangenehme Überraschungen als Sicherheit beschert. Besonders dann, wenn er ohne Architekt oder fachliche Beratung nur mit einem Bauträger gebaut hat. Denn oft schlagen diese nicht das vor, was für die Bauherren das Beste wäre, sondern das, was sie selbst am günstigsten einkaufen und ausführen können. Oder sie bieten, weil sie selbst unter Kostendruck stehen, abenteuerliche Verträge an. Das zumindest stellen die Berater vom Verband Privater Bauherren, einer Art „ADAC für Bauherren", immer wieder fest. Da werden Häuser ohne Treppen verkauft oder ohne Anschluss an das öffentliche Strom- und Wassernetz. Erst gegen Aufpreis werden solche – lebensnotwendigen – Details dann nachgeliefert – und kosten schließlich viel mehr, als wenn sie von Anfang an mitgeplant worden wären. Nicht selten werden auch unfaire Verträge vorgeschlagen, die die Unerfahrenheit der Bauherren ausnutzen. „Aber", sagt Corinna Merzyn vom Verband Privater Bauherren, „die müssen sich auch an die eigene Nase fassen. Beim Kauf eines DVD-Players werden Testhefte gewälzt und Vergleiche gezogen. Bei einem Hauskauf vertraut man einfach dem Verkäufer." Und der eigenen – oft falschen – Intuition. Da verhandelt ein Bauherr hart über die Farbe des Teppichs, vergisst aber, sich das Recht zu sichern, die Baustelle zur Kontrolle betreten zu dürfen. Gerade das aber kann fatale Folgen haben. Nicht nur, dass bestimmte Fakten sich in späteren Bauphasen nicht mehr überprüfen lassen.

„BEIM KAUF EINES DVD-PLAYERS WERDEN TESTHEFTE GEWÄLZT UND VERGLEICHE GEZOGEN. BEI EINEM HAUSKAUF VERTRAUT MAN EINFACH DEM VERKÄUFER."

Schwerer wiegt noch, dass sich nach Übergabe und Bezahlung des Hauses die Beweislast umkehrt. Jetzt muss im Falle von Mängeln nicht mehr der Bauunternehmer die korrekte Ausführung darlegen, sondern der Bauherr muss beweisen, dass gepfuscht wurde. Das kann langwierig und teuer werden und birgt die Gefahr, dass das beklagte Unternehmen gar nicht mehr existiert, wenn der Fall endlich gewonnen ist.

→ Die in diesem Buch versammelten Beispiele sind von Architekten entworfen worden. Es ist ein Bekenntnis zum Architektenhaus, was keine Selbstverständlichkeit in einem Land ist, in dem die überwiegende Zahl der Einfamilienhäuser ohne Architekt errichtet wird. Fragt man Bauwillige, wo als Erstes zu sparen ist, wird meist der Architekt genannt. Was nichts anderes bedeutet, als dass der eher als Kosten- denn als Nutzenfaktor gesehen wird. Dieses Buch ist entschieden anderer Meinung. Mit dem Architektenhonorar, das belegen die hier versammelten Gebäude, kauft man einen enormen Erfahrungsschatz zur Anlage von Räumen, deren Abfolge und Rhythmus sowie Belichtung ein. Es prüfe jeder selber, ob er allein mit einem Bauträger auch nur annäherungsweise zu Lösungen für sein Haus gekommen wäre, wie sie hier vorgestellt werden.

DIESES BUCH IST EIN BEKENNTNIS ZUM ARCHITEKTENHAUS, WAS KEINE SELBSTVERSTÄNDLICHKEIT IN EINEM LAND IST, IN DEM DIE ÜBERWIEGENDE ZAHL DER EINFAMILIENHÄUSER OHNE ARCHITEKT ERRICHTET WIRD.

Da sind Lufträume, die auch kleine Häuser großzügig erscheinen, und diagonale Blickachsen, die bescheidene Räume interessant wirken lassen. Da wird das Gästezimmer abgetrennt und in den Hof gestellt oder eine alte Werkstatt in ein elegantes Atriumhaus umgebaut. Hinzu kommen innovative Details in der Anlage von Treppen, Fassaden oder Fußböden.

→ Erwähnt sei noch, dass Architekten gesetzlich verpflichtet sind, Sachwalter des Bauherrn zu sein, also keine anderen Interessen als die des Auftraggebers vertreten dürfen. Ihr Honorar ist zudem in der Honorarordnung für Architekten und Ingenieure (HOAI) festgeschrieben und von der Bausumme abhängig. Preisabsprachen unter oder über deren Vorgaben sind in der Regel unwirksam. Die DIN 276 regelt dann den gesamten Planungs- und Bauverlauf, unterteilt in sieben Leistungsphasen – von „100" für das Grundstück bis zu „700" für Baunebenkosten, zu denen auch das Architektenhonorar zählt.

→ Wann aber weiß man unter solchen Umständen, was ein Haus kosten wird? Es ist ein Prozess, in dessen Verlauf es mehrere definierte Stufen gibt. Mit ihnen kann man die Ausgaben gut unter Kontrolle halten. Der Architekt beginnt nach einem ausführlichen Gespräch mit den Bauherren mit einer Skizze, die auch zur überschlägigen Ermittlung der Kosten dient. Aus diesem Vorentwurf wird ein verfeinerter Entwurf erarbeitet und mit ihm eine zweite Kostenberechnung. Danach werden die Bauleistungen an Firmen ausgeschrieben und bei der Vergabe in einem Kostenanschlag festgelegt. Nach Ende der Bauarbeiten folgt eine Kostenfestlegung auf Basis der Rechnungen der einzelnen Gewerke und Handwerker.

EINEN GRUNDLEGENDEN BEITRAG ZUR KOSTENMINIMIERUNG KANN AUCH DIE KONSTRUKTION LEISTEN. IST SIE PRÄZISE DURCHDACHT, KANN SIE EINE DEUTLICHE MATERIALERSPARNIS BEWIRKEN.

→ Was sind Eigenschaften, die ein Haus preiswert machen? Da ist als Erstes die Größe zu nennen. Die meisten hier vorgestellten Häuser haben eine Wohnfläche von 100 bis 150 Quadratmetern, sind also eher bescheiden dimensioniert. Dazu gehört auch die Minimierung der sogenannten Verkehrsflächen, also Flure und Dielen, in denen man sich selten länger aufhält. Viele Architekten verwenden viel Sorgfalt darauf, diese Funktionen so knapp zu halten, dass das Haus an anderer Stelle großzügig wirken kann. Weiterhin gilt das Weglassen eines Kellers sozusagen als Mutter aller Sparmaßnahmen. Wobei diese vermeintliche Gewissheit auch immer wieder erfolgreich infrage gestellt wird. Auch Häuser mit Keller können preisgünstig sein, wie das Haus von Volker Herzog auf Seite 28 zeigt. Einen grundlegenden Beitrag zur Kostenminimierung kann auch die Konstruktion leisten.

Ein kluger Grundriss wie bei diesem Haus in Teublitz kann Kosten sparen. Weil das Haus vergleichsweise schmal ist, braucht es weniger Stahl in der dünneren Stahlbetondecke: bei den heutigen Materialpreisen ein spürbarer Vorteil.

Auch sparsam gebaute Häuser können großzügigen Charme entfalten. Bei diesem Haus war es die rationale Konstruktion am Hang, die half, Kosten zu sparen.

Ist sie präzise durchdacht, kann sie eine deutliche Materialersparnis bewirken (siehe auch S. 18, Fabi Architekten oder S. 34, H²M Architekten). Auch die Auswahl der Materialien im Innenausbau kann unter Kostengesichtspunkten zu überraschenden und attraktiven Ergebnissen führen. Blanker Estrich, mit Pigmenten eingefärbt und gewachst, entfaltet als Fußbodenbelag durchaus ästhetische Reize – genauso wie Kautschuk oder Epoxydharz, beides Bodenbeläge aus der Industrie, die sich in nahezu jeder gewünschten Farbe herstellen lassen.

ZWEI GRUNDSTÜCKE GLEICHER QUADRATMETERGRÖSSE KÖNNEN DURCH UNTERSCHIEDLICHEN ZUSCHNITT VÖLLIG ANDERE EIGENSCHAFTEN AUFWEISEN.

→ Vor jedem Bauen liegt selbstverständlich die Grundstückssuche. Alles an einem Haus kann später geändert werden, seine Lage nicht. Da ist es wichtig, vor dem Kauf das Umfeld richtig einzuschätzen, sich über Verkehrsanbindung, Einkaufsmöglichkeiten und Schulen Gedanken zu machen. Für die Architektur spielen Form und Ausrichtung des Areals die entscheidende Rolle. Zwei Grundstücke gleicher Quadratmetergröße können durch unterschiedlichen Zuschnitt völlig andere Eigenschaften aufweisen und grundsätzlich andere Bebauungen zulassen. Meist müssen Abstandsflächen zu den Nachbarn eingehalten werden. Ein dreieckiges Grundstück engt unter dieser Voraussetzung viel mehr ein als ein viereckiges.

→ Wichtig ist auch ein Blick auf die Orientierung – zur Straße und zur Sonne. Kann man an diesem Ort das bauen, was man sich vorstellt? Wohin wird der Blick gehen? Stehen auf dem Nachbargrundstück hohe und dichte Bäume, die viel Schatten werfen? Reicht die Grundstücksgröße? Möglicherweise ist auch ein frei stehendes Einfamilienhaus gar nicht die ideale Lösung für knappe Budgets. Doppel- und Reihenhäuser, Hausgruppen oder Gebäudeensembles benötigen im Vergleich zum frei stehenden Einfamilienhaus erheblich weniger Grundstücksflächen und verursachen allein dadurch weniger Kosten. Gemeinsam genutzte Wände bieten weiteres Sparpotenzial. Außerhalb von Neubaugebieten besteht die Möglichkeit der Nachverdichtung, also das Ausnutzen von Baulücken, das Abreißen bestehender Gebäude und ihr Ersatz durch einen Neubau.

ES HAT SICH INZWISCHEN UNTER BAUHERREN HERUMGESPROCHEN, DASS DIE ENERGIEKOSTEN IM LAUFE DER JAHRE ZU EINEM ERHEBLICHEN KOSTENFAKTOR WERDEN KÖNNEN.

Mit Fantasie und Erfahrung bieten sich hier besondere Chancen, gerade im städtischen Raum. Könnte nicht in diesen Hinterhof, in jenen toten Winkel oder auf jene Verkehrsinsel noch ein veritables Haus passen? Ist der Blick auf diese Weise einmal geschult, stellt man bald fest, dass man hier viel Geld sparen kann. Denn oft machen die Grundstückskosten 50 Prozent der Gesamtkosten für ein städtisches Wohnhaus aus. Schwierige Grundstücke sind aus naheliegenden Gründen oft günstiger zu haben. Ein guter Architekt kann hier vieles erreichen, wie unser Beispiel in Bagnolet bei Paris zeigt (S. 166, Architekt Vladimir Doray).

→ Es hat sich inzwischen unter Bauherren herumgesprochen, dass die Energiekosten im Laufe der Jahre zu einem erheblichen Kostenfaktor werden können. Unabhängig von Größe, Bautypus und Stil des Gebäudes hat deshalb die Frage der Energieeffizienz hohe Priorität bei der Planung. Der Gesamtenergiebedarf deutscher Haushalte resultiert zu 78 Prozent aus Heizkosten. An zweiter Stelle stehen die Kosten für Warmwasser mit 14 Prozent, was deutlich macht, wo die größten Sparpotenziale liegen.

→ Wird die Energieeffizienz von Anfang an mitbedacht, sind für eine energieeffiziente Gestaltung kaum oder keine Mehrkosten zu erwarten. Architektonisch kann man die Grundlagen vor allem mit einer kompakten Bauweise legen. Verwinkelte Gebäudeformen dagegen, also ein Haus mit Gauben, Erkern, Ecken und Schrägen wirken sich energetisch ungünstig aus. Auch die Ausrichtung des gesamten Baukörpers spielt eine Rolle. Größere Fenster nach Süden sorgen für solare Gewinne im Winter. Geschlossene Fassaden nach Norden vermeiden Wärmeverluste.

WÄRMEDÄMMVERBUNDSYSTEME SIND WEDER ALS MÜLL ZU RECYCELN NOCH ANDERWEITIG WIEDERZUVERWENDEN.

→ Aber auch bei einer günstigen Form geht ein Großteil der Wärme durch die Außenhaut verloren. Deshalb ist es wichtig, sich mit der Isolierung auseinanderzusetzen. Holz- und Ziegelkonstruktionen können gleichermaßen gut gedämmt werden. Für beide gibt es unterschiedliche Systeme, über die man sich am besten mit seinem Architekten auseinandersetzt. Dabei steht das klassische Ziegelmauerwerk den sogenannten Wärmedämmverbundsystemen in nichts nach. Bedenkt man den gesamten Lebenszyklus eines Hauses und damit auch dessen späteren Abriss, ist den Ziegeln sogar der Vorzug zu geben. Wärmedämmverbundsysteme, in denen Schichten unterschiedlicher Materialien fest miteinander verklebt sind, sind weder als Müll zu recyceln noch anderweitig wiederzuverwenden. Weiterhin können ästhetische Gründe gegen derartige Materialkombinationen sprechen. Der Autor räumt freimütig ein, dass er sich bis heute nicht an Putzfassaden gewöhnt hat, die hohl klingen, wenn man gegen sie klopft. Schon ein einfacher Stoß bei Renovierungs- oder Gartenarbeiten durchbricht die Putzschicht und lässt die mineralischen Dämmstoffe aus der verletzten Außenhaut unschön hervorquellen.

→ Als Heizungsstandard in den hier vorgestellten Häusern gilt die Gasbrennwerttherme. Bei diesem System wird nicht nur Gas verbrannt, sondern zusätzlich die Wärme aus den Abgasen der Anlage genutzt. Gasanlagen haben einen geringen Platzbedarf, gute Umweltwerte und niedrige Anschaffungskosten. Nachteilig ist, dass die Gaspreise und damit auch die Betriebskosten vermutlich in den nächsten

Die Architekten nutzten bei diesem Umbau die Räumlichkeiten eines ehemaligen Laborgebäudes perfekt aus. Trotz der innerstädtischen Lage konnte mit einem Atrium ein Ort der Zurückgezogenheit und Ruhe geschaffen werden.

Der Zugang zum Innenhof gelang mithilfe von Hebeschiebetüren schwellenlos. Das Atrium wird so zu einer unkomplizierten Erweiterung der Wohnräume.

Die optimale Einplanung von transparenten Flächen und Durchsichten ermöglichte bei diesem Entwurf für einen Neubau in einem Pariser Innenhof das Gefühl von Weite und Zurückgezogenheit, mitten in der Stadt.

Jahren steigen werden. Der Kostenvorteil bei der Anschaffung geht also über die Jahre verloren. Eine Möglichkeit zur Optimierung bietet die Kombination mit einer thermischen Solaranlage. Anders als bei der Photovoltaik, wo Sonnenlicht in Elektrizität umgewandelt wird, nutzt die Solarthermie die Sonneneinstrahlung direkt zum Aufheizen von Wasser, zum Beispiel für die Heizung. Voraussetzung dafür ist eine nach Süden geneigte, möglichst unverschattete Dachfläche. Vakuumröhrenkollektoren sind ertragreicher und daher für den Einsatz auf kleinen Dächern geeignet. Flachkollektoren dagegen sind preisgünstiger und optisch zurückhaltender. Eine Innovation auf dem Gebiet der solaren Wärme hat jüngst eine Schweizer Firma auf den Markt gebracht. Die Swissmetal Designsolutions entwickelte Kupferziegel, die mit einem Wärmetauscher kombiniert Sonnenenergie in Heizwärme umwandeln können. Die Lösung ist vor allem für jene interessant, denen Solarpaneele auf dem Dach unästhetisch vorkommen. Wie auch immer solche Entscheidungen ausfallen mögen, Hausbesitzer müssen sich ohnehin Gedanken über den Einsatz ökologisch korrekter Energien machen. Seit Januar 2009 schreibt das Erneuerbare-Energien-Wärmegesetz (EEWärmeG) zwingend vor, bei Neubauten einen Teil des Wärmebedarfs aus regenerativen Quellen zu decken.

NATÜRLICH WIRD AUCH DIE UMWELTBILANZ VON DER ART DES EINGESETZTEN STROMS BEEINFLUSST. ZIEHT MAN HIERZU SOLARENERGIE HERAN, IST DIE BILANZ EXZELLENT.

Gern genutzt werden auch Wärmepumpen, die über Sonden dem Erdreich, dem Grundwasser oder der Luft Wärme entziehen. Augenfälliger Nachteil dabei sind vergleichsweise hohe Anfangsinvestitionen, vorteilhaft hingegen sind die geringen Betriebskosten und die Unabhängigkeit vom Öl- und Gasmarkt. Die Vorteile des eingesetzten Modells sollten aber genau durchgerechnet werden und hängen bei Erdsonden vor allem von den jeweiligen geologischen Gegebenheiten ab. Mit eingerechnet werden muss auch, dass für den Betrieb der Wärmepumpen Strom benötigt wird. Als Faustregel gilt hier, dass aus einer Einheit Strom mindestens drei Einheiten Wärme gewonnen werden sollten. Natürlich wird auch die Umweltbilanz von der Art des eingesetzten Stroms beeinflusst. Zieht man hierzu Solarenergie heran, ist die Bilanz exzellent. Ein Nachteil von Wärmepumpen ist, dass sie bei starker Kälte nicht genug Wärme erzeugen können. An wenigen Tagen pro Jahr muss also möglicherweise auf eine Zusatzheizung zurückgegriffen werden. Das kann ein elektrischer Heizstab für das Heizungswasser sein oder auch ein separater Kaminofen, der mit Holz befeuert wird.

→ Das Heizen mit Holzpellets, die aus Abfällen im Sägewerk gepresst werden, hat Vorteile vor allem in Bezug auf die CO_2-Bilanz. Weil es sich um einen nachwachsenden Rohstoff handelt, fallen keine Treibhausgase an. Der Pelletofen kann wiederum mit Solarthermie verbunden werden.

Die Investitionskosten in Anlage und Brennstoff sind relativ hoch. Kleine Blockheizkraftwerke mit Kraft-Wärme-Koppelung, die in jüngster Zeit viel Publizität gewonnen haben, sind für kleine und vor allem einzelne Häuser nicht interessant. Für ihren wirtschaftlichen Betrieb ist eine möglichst gleichmäßige Auslastung nötig. Sie werden deshalb für Reihen- und Mehrfamilienhäuser eingesetzt, wo die Vielzahl der Bewohner eine konstante Abnahme von Energie gewährleistet. Über Fördermöglichkeiten der öffentlichen Hand für bestimmte Heizungsanlagen informieren die Websites www.energiefoerderung.info und www.bafa.de.

→ Die hier gezeigten Beispiele sind je genau für eine Situation und die Bedürfnisse eines Bauherrn maßgeschneiderte Lösungen. Damit stellt sich die Frage, ob sie überhaupt so miteinander vergleichbar sind, wie es die Preisangaben suggerieren. Am Ende muss man zugestehen, dass es sich dabei wie mit einem Korb verhält, in dem nicht nur Äpfel und Birnen liegen, sondern auch noch Avocados und Melonen. Das eine Haus steht am Hang, das andere auf einer Garage, das dritte im Fränkischen Wald, wo Handwerksleistungen günstiger sind als in Hamburg. Die meisten sind Solitäre, andere gehören zu größeren Bauwerksverbünden und profitieren davon. Manche wurden mit viel Eigenleistung der Bauherren errichtet, andere zugleich von und für den Architekten, sodass kein Honorar anfiel. Und schließlich: Alle Angaben über Preise stammen von den Architekten selber. Sie konnten auf ihre Plausibilität überprüft, aber nicht buchhalterisch kontrolliert werden. Es sollten die Kosten für Bau, Planung und Umsetzung inklusive Architektenhonoraren genannt werden, die eine Idee davon geben, „was das Haus gekostet hat". Nicht eingeschlossen waren die Kosten für das Grundstück und dessen Erschließung, für die Außenanlagen, den Garten und die Garagen. Und auch nicht für Einbaumöbel, was zu einem weiteren Dilemma führt. Denn in einigen Häusern sind die Möbel integrale Elemente der Architektur – wenn etwa Schränke als Wände dienen. Wie sollte man die preislich mit einer Gipskartonwand vergleichen? Kurz und gut: Dieses Buch soll eher zur architektonischen Anregung dienen denn als finanzielle Messlatte. Wenn es Ideen spendet und Überraschungen bereithält, wenn es den Horizont für Möglichkeiten und Materialien weitet, dann hat es seinen Zweck erfüllt.

Der industrielle Charme des Pariser Innenhofhauses entsteht auch durch die Nutzung von preiswerten Bauelementen wie Trapezblechen.

Seite 14

Seite 18

Seite 22

Seite 28

Seite 34

Seite 38

Seite 42

Seite 46

Seite 52

Seite 58

Seite 62

Seite 68

Seite 74

Seite 80

Seite 84

Seite 90

Die Häuser

Seite 96

Seite 102

Seite 108

Seite 112

Seite 116

Seite 122

Seite 126

Seite 132

Seite 136

Seite 142

Seite 148

Seite 154

Seite 160

Seite 166

Oliver Buddenberg, **Buddenberg Architekten,** Düsseldorf / Haus in Ratingen

→ „Das kleine Wohnhaus war der Alterssitz einer Dame, die sich im Alter von 78 Jahren den Wunsch erfüllte, ein modernes Haus zu bauen und ihren jung gebliebenen Geschmack auszuleben. Erstellt wurde das Haus auf dem dreieckigen Restgrundstück einer Doppelhauszeile, in der die Tochter der Bauherrin mit ihren Kindern lebt."

Modern bis ins hohe Alter

→ Einen modernen Eindruck macht das Haus Höfner in Ratingen, und modern bis ins hohe Alter war auch die Bauherrin: Mit 78 Jahren begann sie mit dem Bau ihres Hauses und erfüllte sich damit einen großen Traum. So eigenständig sie in ihren ästhetischen Entscheidungen war – sie war von Beruf Kunstlehrerin und Künstlerin –, blieb sie doch ihrer Familie verbunden. Als Bauland dient die Ecke eines größeren Grundstücks, auf dem ihre Tochter mit zwei Kindern in einer Doppelhaushälfte lebt.

→ Drei Räume gibt es in dem kleinen Neubau. Die geselligen Funktionen von Kochen, Essen und Wohnen sind in einem hohen, bis unter den Dachfirst reichenden Raum vereinigt. Darin eingestellt ist eine Galerie, unter der das Schlafzimmer liegt. Darüber ist das Atelier untergebracht, das auch als Gästezimmer genutzt wird. Im Erdgeschoss ist das Haus schwellenlos, und die Dusche ist behindertengerecht mit Klappsitz eingerichtet.

→ Die Materialien sind denkbar einfach. Der Fußboden besteht aus anthrazitgrau gefärbtem Estrich, die Fassade zeigt lichtgraue Holzfaserzementplatten, die auf einer Holzlattung horizontal in wildem Verband verlegt wurden. „Die Platten sind nicht durchgefärbt, sondern angestrichen", erläutert Architekt Oliver Buddenberg. „Der Quadratmeter Fassade ist auf diese Weise für 50 Euro zu haben." Oder besser gesagt: war. Der Anbieter der Platten ist inzwischen nicht mehr auf dem Markt vertreten.

→ Das Dach ohne Überstand wurde mit Aluminium gedeckt. „Viele mögen den Schuppencharakter nicht, der daraus entsteht", erklärt Oliver Buddenberg, „aber es ist sehr preiswert." Importiert wurden die Alu-Profile aus Schweden, wo sie als Material zur Bedachung weit verbreitet sind. Weil das Haus keinen Keller hat, wurden zwei Abstellräume für Fahrrad und Müll in die Kubatur des Gebäudes integriert. Sie sind nur von außen zugänglich und diskret in die Fassade eingebettet. Im Unterschied dazu sind Fenster und Eingangstür in Rot und Schwarz markiert und treten in Kästen hervor. Das Schlafzimmerfenster wird auf diese Weise zur Sitz- und Lesenische. „Da stand uns das klassische Bild vor Augen, wie alte Damen aufs Sofakissen gelehnt aus dem Fenster schauen", erläutert Oliver Buddenberg, „nur dass

Das Haus ist geschickt auf dem dreieckigen Grundstück platziert und bietet sowohl Ausblick wie auch blickgeschützte Außenräume. Seine moderne Anmutung entsteht durch das Fehlen eines Dachüberstands und die Faserzementplatten, die in wildem Verbund verlegt wurden.

Die geschlossene Form des Hauses wird durch den vorspringenden Fensterkasten aufgebrochen.

das Konzept hier erweitert wurde." Der Blick aus dem Kastenfenster geht in Richtung Haus der Tochter.

→ Die Bauherrin verstarb 2010, nachdem sie vier Jahre in dem Haus gewohnt hatte. „Sie war total glücklich damit", erinnert sich der Architekt. „Ihre Enkelinnen von gegenüber kamen oft zu Besuch und haben sogar hier übernachtet." Irgendwann, so war es zumindest geplant, wird die Mutter der Enkelinnen in das großmütterliche und mehrfach ausgezeichnete Haus einziehen. Es hat den BDA Preis „Guter Bau" 2006 und den Holzbaupreis NRW 2007 erhalten.

Erdgeschoss M 1:200

1 Wohnen
2 Kochen
3 Essen
4 Eingang/Diele
5 Dusche
6 Abstellraum
7 Schlafen
8 WC
9 Terrasse

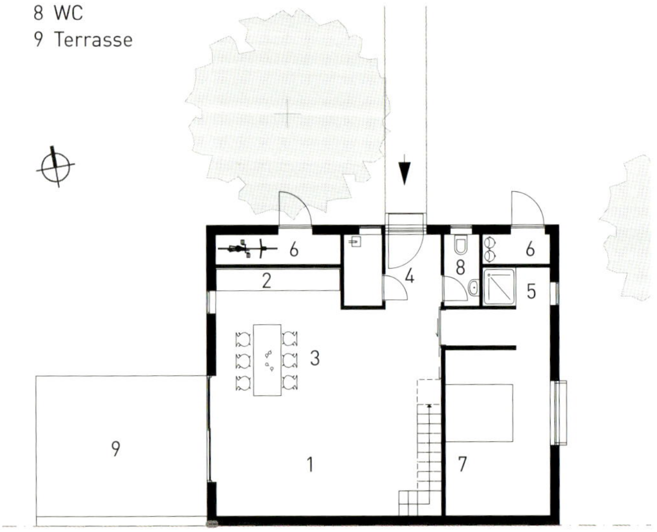

Obergeschoss M 1:200

1 Luftraum
2 Empore

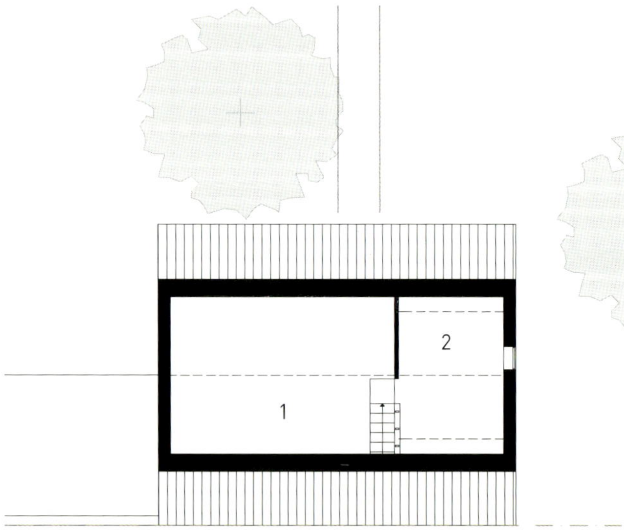

Das Wohnzimmer ist haushoch, sodass eine Galerie mühelos eingestellt werden konnte. Sie wird über eine filigrane Eisentreppe erreicht. Der Fußboden besteht aus anthrazit gefärbtem Estrich.

Das Haus wurde für eine Person geplant. Da reicht eine kleine Küche mit Essplatz innerhalb des Hauptraums. Mit ein paar Schritten gelangt man von hier auf die angegliederte Terrasse.

Wohnfläche: 86 m²
Zusätzl. Nutzfläche: 5 m²
Anzahl der Bewohner: 1
Bauweise Fassade: Holzfaserzementplatten auf einer Holzlattung, Dach: Aluminium
Energiekonzept: Gasbrennwert Zentrale 20 KW Vorlauftemperatur von 40 °C für Fußbodenheizung
Heizwärmebedarf: 77,5 kWh/m²a
Primärenergiebedarf: 118,5 kWh/m²a
Fertigstellung: 2006
Baukosten: 165.000 Euro

Lageplan

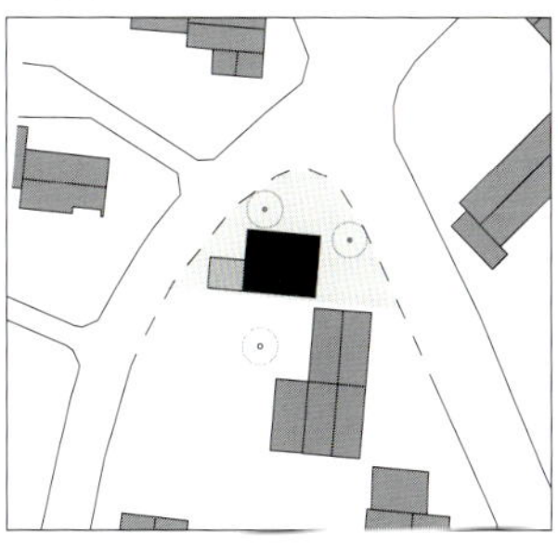

Stephan Fabi, **Fabi Architekten,** Regensburg / Haus in Teublitz

→ „Der sehr ruhig und kompakt gehaltene Baukörper hebt sich besonders durch den schwarz gefärbten Außenputz und seine Kubatur von der umgebenden Bebauung ab. Zum dunklen Putz kontrastieren die Fensterrahmen aus Aluminium, wie ein Silberring auf schwarzem Samt."

Klein, schwarz, stark

→ Ein Haus wie ein Espresso: klein, schwarz, stark. Das beschriebene Haus steht in einem Ort namens Teublitz im Landkreis Schwandorf und behauptet in der eher gewöhnlich anmutenden Nachbarschaft keck eine Sonderstellung: Die umstehenden Häuser sind viel größer, gelb verputzt wie in der Region üblich und mit roten Satteldächern versehen. Der Bewohner des schwarzen Hauses ist ein Goldschmied mit seiner Familie, alle, wie Architekt Stephan Fabi berichtet, fest in die dörfliche Gemeinschaft eingebunden. Die schwarze Fassade ist nicht Ausweis übertriebener Exzentrik, sondern Hinweis auf eine Profession, in der die Ware oft auf schwarzem Samt präsentiert wird.

→ Ein paar Zweifel gab es dann aber doch aus der Nachbarschaft, und die betrafen das thermische Verhalten der Fassade. „Ihr werdet euch noch umschauen, wie das aufheizt", hieß es da. Doch die befürchtete Erwärmung blieb auf die Fassade beschränkt. Das auf den Ziegelmauern aufgebrachte Wärmedämmverbundsystem verhindert den weiteren Temperaturtransport, sodass Stephan Fabi nüchtern feststellen kann: „Der negative Effekt im Sommer bleibt dadurch aus, der positive im Winter allerdings auch."

→ Vorteilhaft auf das Budget des Bauherrn wirkten sich dagegen die bescheidenen Dimensionen des Hauses aus. Stephan Fabi legte es schmal und lang an, sodass die Decken ohne Zwischenstützen von Außenwand zu Außenwand spannen. Dadurch können die Decken dünner sein, was Stahl im Stahlbeton spart, ein nach Auskunft von Stephan Fabi nicht unerheblicher Kostenfaktor „bei den derzeitigen Stahlpreisen". Die nicht tragenden Wände sind in dem Haus reversibel auf den Estrich gestellt, der darunter aus Gründen des Schallschutzes getrennt wurde.

→ Kosten gespart wurde weiterhin vom Keller bis zum Dach. Ersterer wurde weggelassen. Das ist zwar ein naheliegender Trick, will man beim Hausbau Kosten sparen. In Teublitz aber schlägt der Verzicht doppelt zu Buche. Das Haus liegt in einem Überschwemmungsgebiet der Naab. Im Falle einer zu erwartenden Flut würde der Grundwasserpegel bis auf 50 Zentimeter unter der Erdoberfläche ansteigen. Das Haus selber würde also nicht beschädigt, aber ein Keller würde hier volllaufen oder müsste extrem wasserdicht gemacht werden. Auch oben, unterm Dach, wurden die Mittel effizient eingesetzt. Der Dachstuhl stammt als vorge-

Nachbarn äußerten Skepsis, ob die Innenräume durch den schwarzen Putz nicht zu sehr aufgeheizt würden. Doch das verhindert ein Wärmedämmverbundsystem.

Durch die geringe Gebäudetiefe konnte bei der Decke tonnenweise Stahl eingespart werden. Sie spannt bei minimalem Materialeinsatz mühelos über die gesamte Tiefe des Hauses.

Für die Fußböden wurde kostengünstiges Bambusstabparkett eingesetzt.

fertigte Nagelbinderkonstruktion aus dem Industriebau und ist, wie Stephan Fabi sagt, „sowieso nicht sichtbar". Innen ist er isoliert, darüber liegt ein dunkler und flächiger Betonstein, der die klare Kubatur des Hauses noch unterstreicht. → „Mit dem schwarz eingefärbten Putz", berichtet der Architekt, „haben wir lange experimentiert, schließlich sollten die Fassaden nicht marmoriert wirken." Um den Effekt des Schwarz noch zu steigern, kontrastierte er die Farbe mit Fensterrahmen aus Aluminium. So viel Sorgfalt wurde dann auch von den anfangs skeptischen Nachbarn gewürdigt: Inzwischen gibt es im Dorf ein zweites schwarz verputztes Haus.

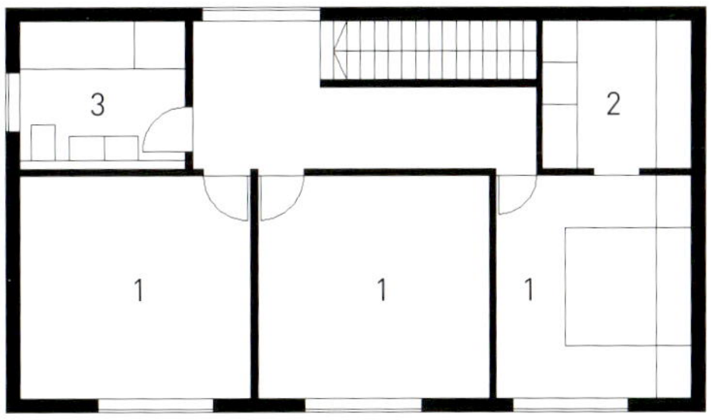

Obergeschoss M 1:200

1 Schlafen
2 Ankleide
3 Bad

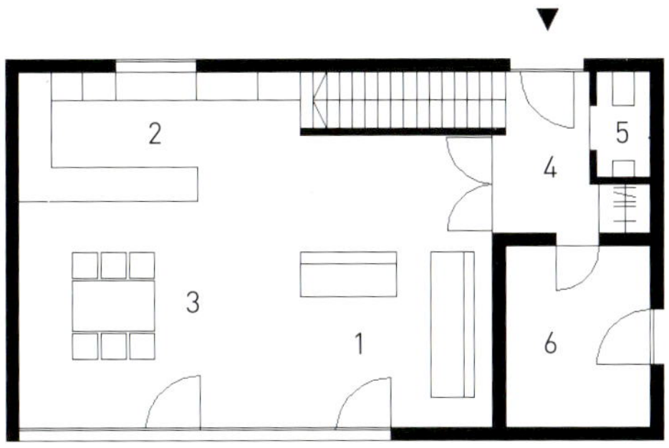

Erdgeschoss M 1:200

1 Wohnen
2 Kochen
3 Essen
4 Eingang/Diele
5 WC
6 Haustechnik

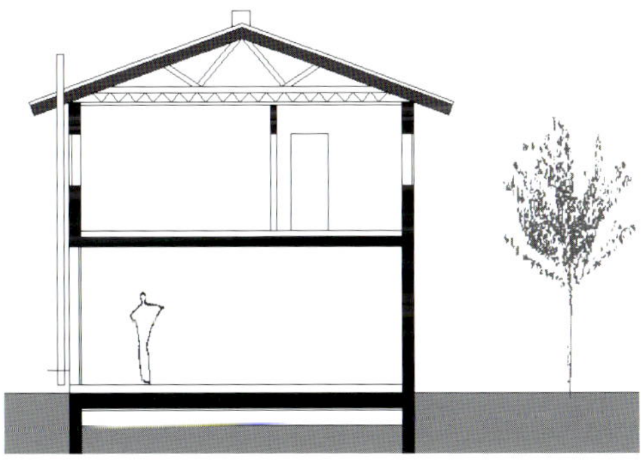

Schnitt M 1:200

Die Treppe geht direkt von der Diele ins Obergeschoss und ist damit vom Wohnraum getrennt. So werden auch die Kinderzimmer vom Wohnraum separiert.

Lageplan

Grundstücksgröße: 680 m²
Wohnfläche: 145 m²
Zusätzl. Nutzfläche: 20 m²
Anzahl der Bewohner: 4
Bauweise: massiver Ziegelbau mit Wärmedämmverbund-system
Energiekonzept: Gasbrennwert-therme, Solarthermieanlage zur Brauchwassererwärmung und Heizungsunterstützung
Heizwärmebedarf: 65 kWh/m²a
Primärenergiebedarf: 50 kWh/m²a
Fertigstellung: 2004
Baukosten: 180 000 Euro

Viele Experimente waren erforderlich, die schwarze Farbe völlig gleichmäßig mit dem Putz zu verbinden. Marmorierungen an der Oberfläche waren nicht erwünscht.

Markus Fischer, **Architekten Fischer Berkhan,** Berlin / Haus in Grosselfingen

→ Das Haus in Grosselfingen beweist, dass sich von der städtebaulichen Situierung über die Gebäudeform bis zur Grundrissorganisation eine überraschend preisgünstige Architektur erstellen lässt. Dabei muss nicht auf räumliche Qualitäten verzichtet werden. Durch den Einsatz von Materialien und Farben, die Aufteilung der Volumina und die Anlage des Grundrisses entstehen reizvolle Außen- und Innenräume.

Vorhang auf!

→ Auf die Idee mit dem Vorhang muss man erst mal kommen. „Das ist Polyethylen-Gewebe, das man auch für Tennisblenden einsetzt", sagt Architekt Markus Fischer, „es schattet das Haus ab." Und verleiht ihm einen Charakter, wie ihn nur wenige Wohngebäude in Deutschland haben: Das Holzhaus in Grosselfingen ist Bühne und bleibt doch privat. Es gehört den Eltern von Fischers Lebens- und Büropartnerin Julia Berkhan. Und nicht nur, weil deren Tochter die Architektin ist, sondern sie selber auch Inneneinrichter sind, konnte in dem schwäbischen Ort ein Haus realisiert werden, das den Rahmen des Gewöhnlichen sprengt.

→ Der erste Schritt dazu bestand darin, das Volumen in Haupt- und Gästehaus zu teilen. Auf diese Weise konnte das Grundstück zur Straße hin besser abgeschottet und ein intimer Hof angelegt werden. In einem zweiten Schritt wurde dem bescheiden dimensionierten Haupthaus – es hat 110 Quadratmeter Wohnfläche – Weite verliehen. Dazu trägt nicht nur die großflächige Verglasung zum Hof ihren Teil bei, sondern auch ein hoher Luftraum über dem Essplatz sowie mehrere Durchreichen, die die Räume in der Horizontalen verknüpfen. All das, fasst Markus Fischer zusammen, „macht den Raum größer als er ist". Weiterhin wurde der gemeinschaftliche Bereich von Kochen, Essen und Wohnen besonders großzügig angelegt. Schlafzimmer und Bäder sind bewusst kleiner dimensioniert.

→ Weil die Bewohner Innenarchitekten sind, sind die Möbel integrale Bestandteile der Architektur. An die Stelle von Wänden treten Schränke, mit denen erneut ein theatralisches Moment ins Spiel kommt. In geschlossenem Zustand sind sie weiß, wenn man sie öffnet, werden dort starke Farben sichtbar. Demselben Prinzip folgen die Bäder, die blutorange oder blau gehalten sind, sodass sich im ganzen Haus eine konzeptionelle Unterscheidung zwischen Intimität und Geschlossenheit (farbig) und Gemeinschaftlichkeit (weiß mit dunklem Holz) ergibt.

→ Dem Farb-System folgt auch das kleine Gästehaus. Das hat nur zehn Quadratmeter Grundfläche und funktioniert, wie Markus Fischer sagt „wie ein Wohnwagen ohne Räder".

Materialkontraste prägen das Haus. Die Fassade aus Lärche wird von einem Vorhang aus Polyethylen abgeschattet – einem Gewebe, das auch bei Tennisblenden eingesetzt wird.

Es gibt darin ein Doppelbett. Und über dem winzigen Bad noch ein Hochbett, sodass eine ganze Familie übernachten kann.

→ Und nein, die Vorhänge wehen nicht im Wind. Sie werden oben wie unten durch kugelgelagerte Rollwagen in einer Alu-Schiene geführt – ein System, das bei Theatervorhängen verwendet wird. „Sie haben sich im Alltag bewährt", berichtet Markus Fischer. An besonders heißen Tagen beschatten sie die Fensterfront nach Südwesten wie eine Markise, nur preiswerter. Oder sie schaffen einen intimen Außenraum, der auch in der Sommersonne angenehm temperiert ist.

Linke Seite: Bei offenem Vorhang wird der Wohnbereich im Erdgeschoss gut belichtet. Zusammen mit dem Gästehaus formt das Haupthaus einen intimen Innenhof.

Oben: Über dem Wohnbereich öffnet sich ein Luftraum, der das kleine Haus großzügiger erscheinen lässt und interessante Blickbeziehungen ermöglicht.

Unten: Küche, Essplatz und Wohnbereich sind als offene Raumzone angelegt. Bei geschlossenem Vorhang fällt angenehmes Streulicht ein.

Böden und Treppe bestehen aus wasserfest verleimter Spanplatte, die mit Naturöl behandelt wurde.

Die kräftigen Farben sind integraler Bestandteil der Architektur. Sie wurden nur in intimen und abgeschlossenen Räumen wie im Bad eingesetzt.

In gemeinschaftlich genutzten Räumen herrschen Weiß, Schwarz und dunkles Grau vor. Der Kontrast zu den geschlossenen Räumen, zu denen auch die Innenseiten der Schränke gehören, wird dadurch stark herausgearbeitet.

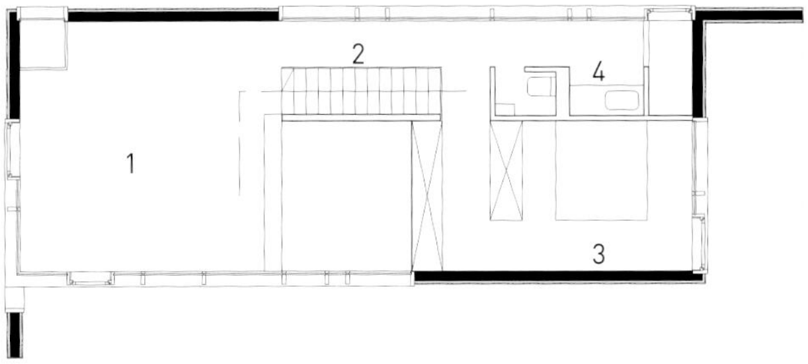

Obergeschoss M 1:200

1 Wohnen
2 Flur
3 Schlafen
4 Bad

Grundstücksgröße: 340 m²
Wohnfläche: 110 m²
plus 10 m² Gasthaus
Zusätzl. Nutzfläche:
Terrasse 35 m²
Anzahl der Bewohner: 2
Bauweise: Holzhaus
mit Vorhang aus Polyethylen-Gewebe
Energiekonzept: Regulierung der passiven Solarenergie durch 2-geschossigen Vorhang
Heizwärmebedarf: 70 kWh/m²a
Primärenergiebedarf: k. A.
Fertigstellung: 2006
Baukosten: 135.000 Euro

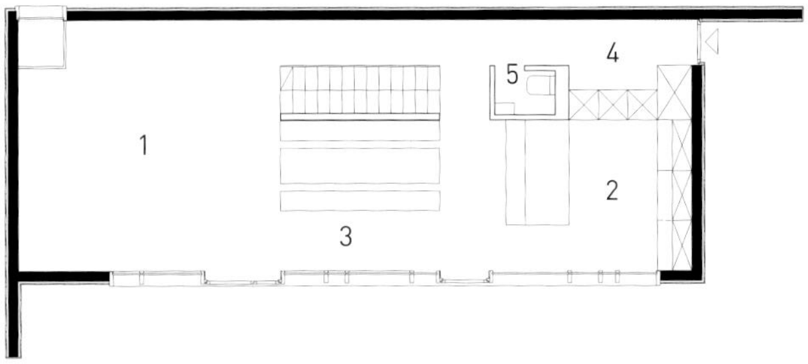

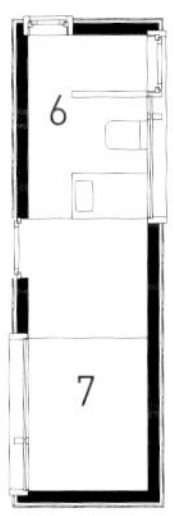

Erdgeschoss M 1:200

1 Wohnen
2 Kochen
3 Essen
4 Eingang / Flur
5 WC

Gästehaus
6 Bad
7 Schlafen

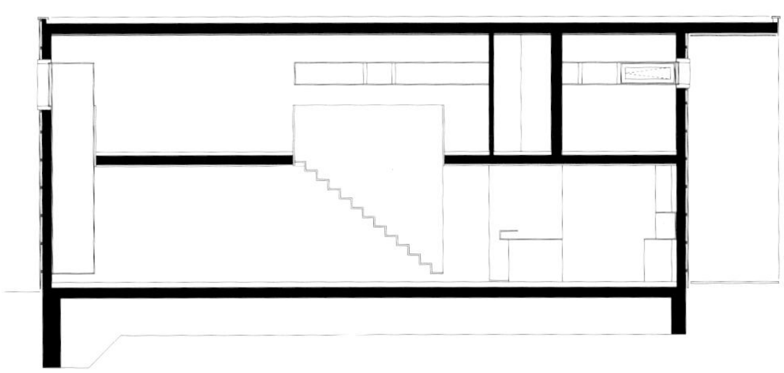

Schnitt M 1:200

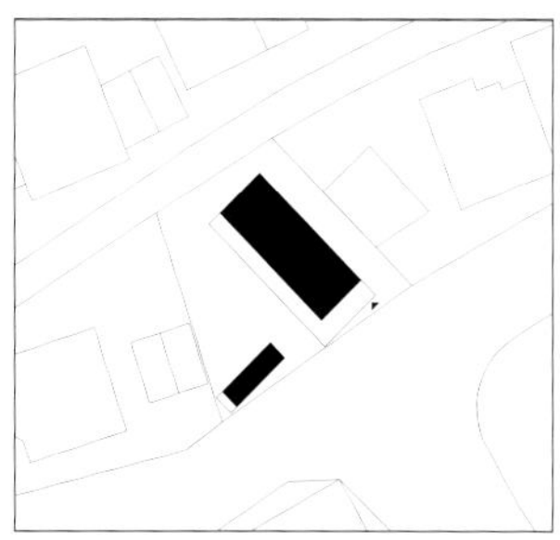

Lageplan

Volker Herzog, **Herzog Architektur,** Freising / Doppelhaushälfte in Freising

→ „Mit viel Geld eine Villa im Park bauen kann jeder", meint Architekt Volker Herzog. Ihn aber reizte es, mit sparsamen Mitteln zu optimalen Ergebnissen zu kommen. Es wurde eine energieautarke Doppelhaushälfte aus einfachen und deshalb nachhaltigen Materialien, die auf kleinem Raum genügend Wohnfläche schafft und auch noch einen Keller hat.

Aus Ziegeln gemauert

→ Bauen kann so einfach sein. „Wir haben", sagt Architekt Volker Herzog über das von ihm geplante Haus in Freising, „nur das gemacht, was Menschen seit Jahrtausenden machen: Ein Haus aus Ziegeln gemauert." Für diese beinahe archaische Technik, so Herzog weiter, gebe es an jedem Ort einen, der sie beherrsche: „Dadurch ist sie preiswert, das Ergebnis ist wartungsfrei und hält tausend Jahre." Sollte das Gebäude doch vorher einmal abgerissen werden, wäre es problemlos recycelbar; zusammengeklebte Kunststoffe nach Art eines Wärmedämmverbundsystems wurden nicht verbaut.

→ Und überhaupt: Die eher unscheinbare Doppelhaushälfte ist ökologisch mehr als korrekt. Sie ist nach Auskunft des Architekten energieautark, braucht also weder Öl noch Gas, Fernwärme, Holz oder Pellets. Und das, was sie an Energie verbraucht, stammt aus CO_2-neutralen Quellen wie Grundwasser-Wärmepumpe und Photovoltaik. Zu dem energetischen Konzept gehören wiederum die Ziegel. Es wurden Modelle verwendet, die das Haus mittels mikrofeiner Poren in den Passivhausstandard hineindämmen.

→ Das Haus demonstriert nicht nur beispielhaftes energetisches Bauen, sondern auch einen cleveren Entwurf. „Wir wollten damit auch zeigen", sagt Volker Herzog, „dass man auf winzigem Grundstück – nur 200 Quadratmeter – und mit geringem Budget mehr als 08/15-Architektur hervorbringen kann." Mit viel Geld eine Villa zu bauen, so der Architekt selbstbewusst, sei dagegen ein Leichtes.

→ Der wichtigste Trick in Freising war, neben der Anlage als Doppelhaus, die Split-Level-Bauweise in zueinander versetzten Etagen. Die fangen im Keller an, einem Raum also, auf den die meisten Low-Budget-Häuser verzichten. In der Domstadt aber gibt es einen. Der ist lediglich 1,5 Meter tief, unterfängt nur einen Teil des Hauses und lugt relativ weit hervor. Das hat den Vorteil, dass er gut mit Tageslicht versorgt ist. Zum einen über ein konventionelles Außenfenster, zum andern über eines in Richtung Küche. Es liegt dort auf Fußbodenhöhe hinter dem Küchentresen. Zwar ist es eine eher unkonventionelle Idee, ein Fenster auf die Waden des Kochs zu richten. Der Keller aber wird auf diese Weise zu einem Raum mit viel Aufenthaltsqualität: Er wirkt eher wie

Große Fenster bringen viel Licht, aber im Sommer auch Hitze. Sie sind deshalb durch einen Laubengang leicht abgeschattet. Zusätzlichen Schatten spenden im Sommer die Bäume vor der Haustür.

Sogar drei Parkplätze konnten auf dem nur 200 Quadratmeter großen Grundstück untergebracht werden.

Über Natursteine gelangt man in die Küche, deren bodentiefes Fenster für intensiven Außenbezug sorgt und auch aufgeschoben werden kann.

Eine kleine Wasserfläche neben dem Haus erzeugt interessante Lichtstimmungen.

Das Wohnzimmer, hier mit Büromöbeln ausgestattet, liegt durch die Split-Level-Bauweise etwas erhöht. Durch Glastür und Spiegel wirkt es besonders großzügig. Die Böden bestehen aus einem Kunststein, bei dem gemahlener Kalkstein mit Naturharz gebunden wurde.

ein vollwertiges Zimmer als wie ein Abstellraum. Auf seiner Decke liegt das Wohnzimmer. Dazwischen verbindet die Küche die beiden Bereiche mit wenigen Stufen.

→ Sie ist der repräsentative Hauptraum des Hauses. Nach Süden ausgerichtet und nach drei Seiten verglast. Das überreichlich einfallende Licht wird über eine Metallblende, im Sommer zusätzlich durch eine Gruppe von Bäumen abgeschattet. Im Winter aber, wenn die Gehölze ihr Laub abwerfen, freut man sich über den dann erwünschten Lichteintrag.

→ Unter den verarbeiteten Materialien fällt Kunststein für die Böden auf. Auch dieses Material ist nach Auskunft von Volker Herzog umweltverträglich – es wird aus gemahlenem Bruchstein von Jurakalk hergestellt und ist mit Baumharz gebunden.

Untergeschoss M 1:200

1 Kriechkeller
2 Hobbykeller
3 Heizung
4 WC

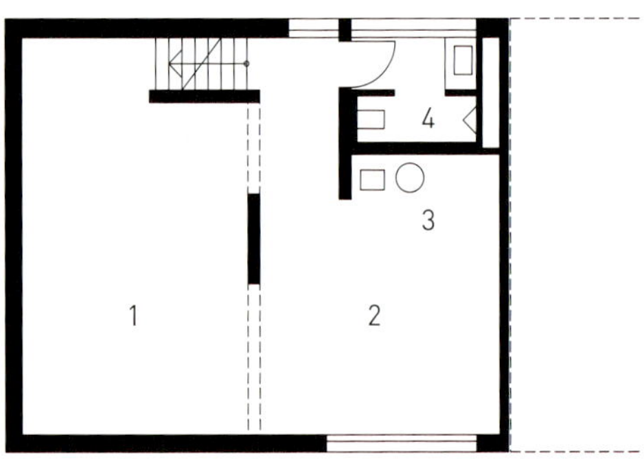

Erdgeschoss M 1:200

1 Wohnen
2 Kochen
3 Essen
4 Eingang/Garderobe
5 Wasserfläche
6 Terrasse

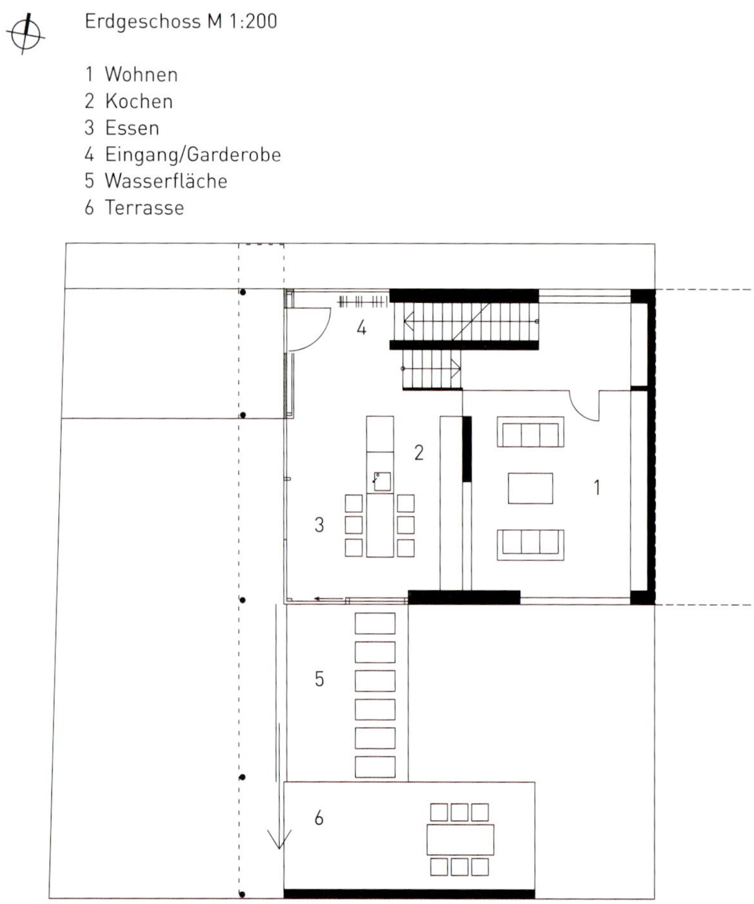

Linke Seite: Überraschend ist das Fenster hinter dem Küchentresen. Es belichtet den Keller, aus dem man umgekehrt, wie hier im Bild, aus leichter Untersicht in die Küche und weiter nach draußen blickt.

Vom Küchentresen fällt der Blick auf die seitliche Begrenzungswand des Grundstücks. Die Fensterrahmen, außen aus eloxiertem Aluminium, haben innen warme Holzverblendungen.

Obergeschoss M 1:200

1 Galerie
2 Bad
3 Kind
4 Schlafen

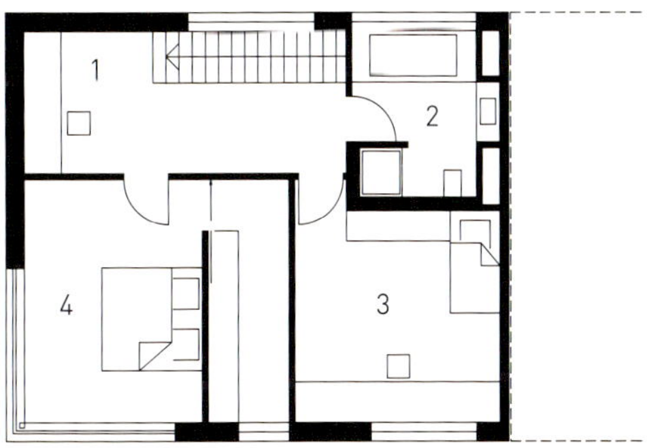

Lageplan

Grundstücksgröße: 200 m²
(inkl. Parkplätze)
Wohnfläche: 92 m²
Zusätzl. Nutzfläche: 37 m²
Anzahl der Bewohner: 4
Bauweise: baubiologische und ökologische Bauweise durch den Einsatz von Naturprodukten und Recyclingmaterial, Ziegelbau
Energiekonzept: energieautarkes Haus durch den Einsatz regenerativer Energien: Grundwasser-Wärmepumpe, Photovoltaik
Heizwärmebedarf: 26,99 kWh/m²a
Primärenergiebedarf: 39,22 kWh/m²a
Fertigstellung: 2007
Baukosten: 180.000 Euro

Johannes Müller und Stephan Häublein, **H²M Architekten,** Kulmbach / Haus bei Kulmbach

→ „An einem steilen Hang schwebt die hölzerne Box auf einem massiven Sockelgeschoss. Die Lärchenholzverschalung nimmt Bezüge zur Umgebung auf. Das Gebäude erreicht bei sehr geringem Energieverbrauch weit unterdurchschnittliche Kostenkennwerte."

Holzbox auf steinernem Sockel

→ Eine Holzbox auf steinernem Sockel, so schlicht beschreibt Architekt Johannes Müller das Haus in der Nähe von Kulmbach. Nur dass man vom Sockel zunächst nichts sieht. Das Haus steht am Hang und präsentiert dem Besucher allein eine beeindruckend geschlossene Rückseite aus Lärchenholz. Das Material nimmt Bezug auf eine in der Nachbarschaft gelegene Scheune und überführt deren vertikale Bretterstruktur in die Horizontale. So weit, so einfach. Doch was sich da nach außen als simpler Kubus mit Ortsbezug gibt, hat es in sich. „Das Haus ist aufwändig geplant", sagt Johannes Müller, und meint damit vor allem dessen Statik. Die Wirtschaftlichkeit des Entwurfs verdanke sich vor allem der Tatsache, dass „keine Kräfte horizontal abgeleitet werden müssen".

→ Doch wer das Haus einmal betritt, achtet natürlich nicht als Erstes auf die Konstruktion. Sondern lässt sich zunächst von großzügigen und einfachen Räumen beeindrucken, sich anlocken von Einbaumöbeln, die der Architekt selber entworfen hat. Und genießt wahlweise den Blick nach Süden auf den Dorfkern von Burghaig und die Plassenburg, das Wahrzeichen Kulmbachs. Oder von einer großen Westterrasse aus in Richtung Abendsonne.

→ Die Struktur des Hauses ist schnell verstanden: Oben, auf der Eingangsebene, wohnen die Eltern, unten der Sohn, neben dem Büro des Vaters. Beide Etagen sind so angelegt, dass sie entkoppelt und getrennt genutzt werden könnten. Im Untergeschoss ist östlich ein separater Eingang vorgesehen, der aber momentan nicht ausgeführt ist. Weil Holz nicht zum Abstützen eines Hangs geeignet ist, wurde das Untergeschoss mit einer U-förmigen Wand aufgemauert, die offene Seite natürlich nach Süden. Die Rückseite stützt den Hang. Auf den Mauern lagert das Obergeschoss, jedenfalls größtenteils. Ein paar Kräfte vom Dach und Obergeschoss mussten noch anderweitig aufgefangen werden. Dazu dient im Obergeschoss jene Wand, die die Küche gen Süden abschirmt. Sie ruht auf der Wand, die darunter das Zimmer des Sohns von einem Abstellraum trennt. Zusätzlich stehen im Obergeschoss zwei stählerne Stützen im Raum. Die eine setzt unten auf der Ostwand auf. Die andere landet auf dem Stahlträger zwischen den Glasschie-

Steinerner Sockel, hölzerner Aufbau, Blick nach Süden – das sind die Grundelemente der Architektur. Das Untergeschoss kann abgekoppelt und als Einliegerwohnung separat genutzt werden.

Von der Straße aus ist nur ein einfacher Kubus zu sehen. Dadurch, dass er über dem Niveau des Fußgängerwegs gelagert ist, scheint er zu schweben. Seine Lärchenholzverschalung bezieht sich auf eine alte Scheune gegenüber.

betüren. Die Auskragung der Terrasse schließlich liegt auf einem Betonbügel, der dem wirtschaftlichen Konstruktionsprinzip folgend schlank ausfallen konnte. Eine so dezidierte Konstruktion, fasst Johannes Müller zusammen, sei nicht selbstverständlich, „das muss man den Handwerkern sehr genau kommunizieren und lieber einmal mehr auf die Baustelle fahren". Das Haus verfügt weiterhin über ein begrüntes Dach. Die Außenwände sind hochgedämmt mit 22 Zentimeter Holzfaserdämmung, ein System, das in Dach, Auskragung und in der Deckenbalkenlage fortgesetzt wurde. Das massive Sockelgeschoss ist mit einem Wärmedämmziegel gemauert und außen verputzt.

Lageplan

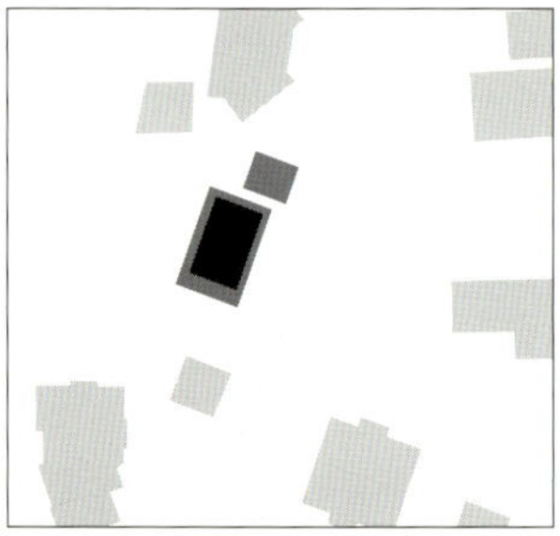

Grundstücksgröße: 591 m^2
Wohnfläche: 135 m^2
Zusätzl. Nutzfläche: 30 m^2 (Stellplätze)
Anzahl der Bewohner: 3 (4)
Bauweise: massives Sockelgeschoss, Holzbox mit unbehandelter Lärchenholzverschalung
Energiekonzept: Luftwärmepumpe
Heizwärmebedarf: 71,25 kWh/m^2a
Primärenergiebedarf: 78,72 kWh/m^2a
Fertigstellung: 2006
Baukosten: 170.000 Euro

Schnitt M 1:200

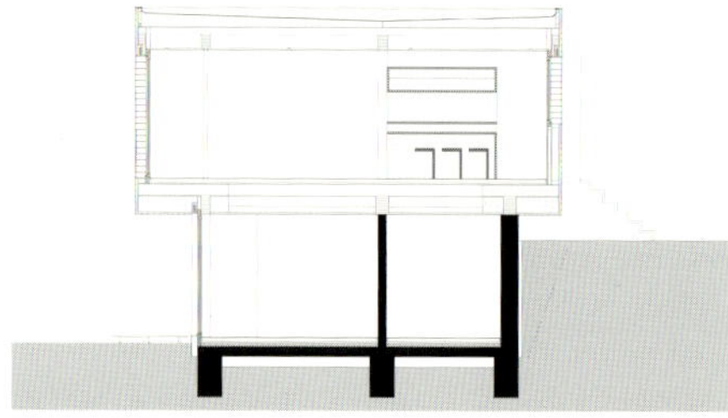

Die Platzierung der schlanken Stütze zeugt von der ausgetüftelten Konstruktion. Sie landet im Untergeschoss auf einem Stahlträger zwischen den Glasschiebetüren. Die Möbel wurden größtenteils vom Architekten entworfen und korrespondieren mit der Leichtigkeit des Hauses.

Der Küchentresen und hängende Schrankelemente sind integraler Bestandteil der Architektur.

Ein Betonbügel stützt die auskragenden Teile des Obergeschosses. Der rückwärtige Teil des Balkons ist geschlossen, sodass er sich in das Bild der Fassade einfügt.

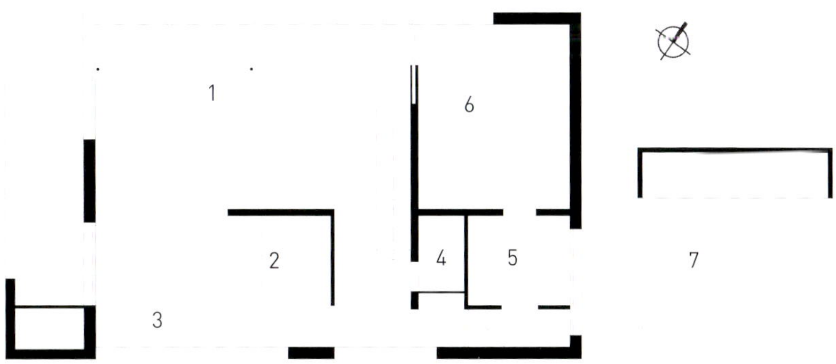

Obergeschoss M 1:200

1 Wohnen
2 Kochen
3 Essen
4 Abstellraum
5 Bad/WC
6 Schlafen
7 Carport

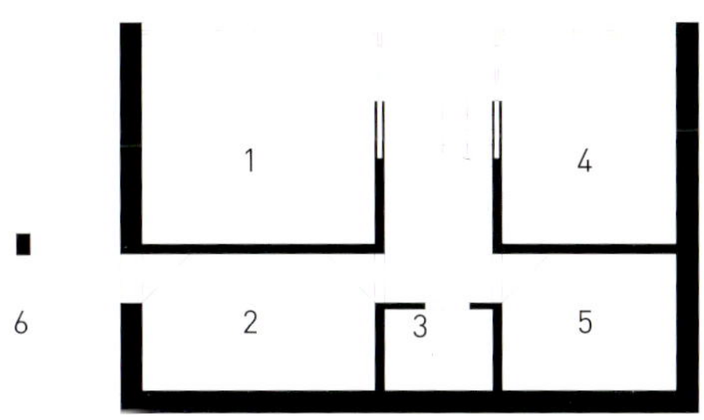

Hanggeschoss M 1:200

1 Kind
2 Abstellraum
3 Bad
4 Büro/Gast
5 Technik
6 Überdachter Freisitz

Johannes Müller und Stephan Häublein, **H²M Architekten,** Kulmbach / Kinderhaus in Gesees-Forkendorf

→ Wenn schon schräg, dann richtig, war der Entwurfsgedanke für den Anbau in der Nähe von Bayreuth. Die Idee entsprang einem gewissen Trotz gegen die Bauvorschriften, entsprach aber auch der Nutzung des Hauses. Es ist für zwei Kinder gebaut.

Zwei-Mäderl-Haus

→ Drei heranwachsende Töchter in einem Fertighaus unterzubringen, das man gebraucht erworben hat, ist nicht einfach. Also wollte ein Universitätsprofessor aus Bayreuth, der genau vor dieser Situation stand, sein Haus erweitern und fragte den Architekten Johannes Müller. „Von der vermeintlich naheliegenden Lösung, oben aufzustocken oder auszubauen, zum Beispiel mit einer Gaube, haben wir abgeraten", berichtet dieser. Sein schlagendes Argument: Ein so konstruiertes Haus ist schwer wieder aufzuteilen. Also besser anbauen und ein Nebengebäude schaffen, das man später, wenn die Töchter aus dem Haus sind, separat vermieten oder anderweitig nutzen kann.

→ Also schlug Müller einen zweistöckigen Flachdachbau vor, der mit dem Haupthaus über eine Fuge verbunden beziehungsweise getrennt ist. Doch bei dieser Version mochten die Behörden nicht mitspielen und beharrten auf „wichtigen Gestaltungsmerkmalen und Einfügetatbeständen". Will heißen: In der Gegend sind nur Häuser mit einer Dachneigung von 30 bis 45 Grad zulässig und keine volle Zweigeschossigkeit. „Da haben wir", erinnert sich Müller, „aus der Not eine Tugend gemacht und gesagt: Dann bauen wir eben alles schräg!" Was im Übrigen auch zu den Bewohnern, zwei halbwüchsigen Mädchen passte: ein bisschen Verspieltheit, ein bisschen Pipi-Langstrumpf-Atmosphäre durfte sein. Auf diese Weise erhielt das Haus einen Grundriss in Form eines verzerrten Vierecks. Es ist vorn breiter als hinten, die Dachtraufen sind auf beiden Seiten gegenläufig absteigend und eine Dachseite ist tiefer hinuntergezogen als die andere. Das Ganze wurde dann mit Dachziegeln komplett verkleidet, was dem Häuschen mit seinen 77 Quadratmetern einen monolithischen und irgendwie verzauberten Gesamteindruck verlieh.

→ Ein Bad in der Mitte und rechts und links davon zwei Zimmer sind in dem Häuschen untergebracht. Eines davon ist rot, das andere grün gestrichen, nach den Lieblingsfarben der Bewohnerinnen. Beide Zimmer haben eine offene Galerie mit einem Boden aus massiven Bohlen. Die sind 20 Zentimeter dick und lediglich abgeschliffen und geölt.

→ Das Haus ist in Holztafelbauweise errichtet. Was bei all seinen schiefen Winkeln nur deshalb kostengünstig möglich war, weil heute Computerprogramme die Anschnittwinkel der Hölzer berechnen können.

Angekoppelt an einen Altbau, aber doch separat, ist das Haus konzipiert. Der Vorteil: Es kann später abgekoppelt und vermietet werden.

Schräg ist der Grundriss, die Dachtraufen sind gegenläufig absteigend und eine Dachseite ist tiefer hinuntergezogen als die andere. Damit das Ganze Halt bekommt, wurden Dach wie Fassade einheitlich mit Dachziegeln verkleidet.

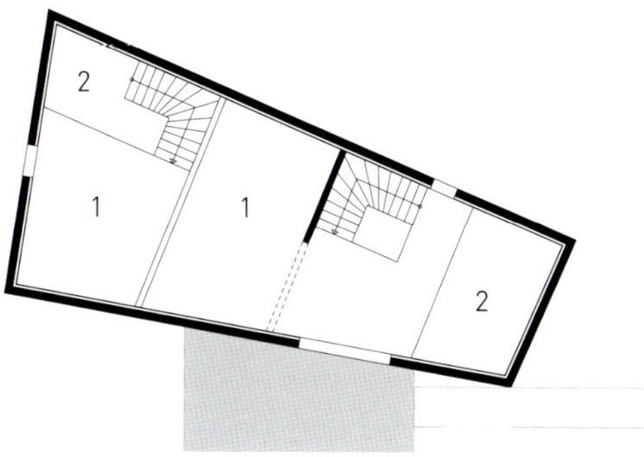

Obergeschoss M 1:200

1 Galerie
2 Luftraum

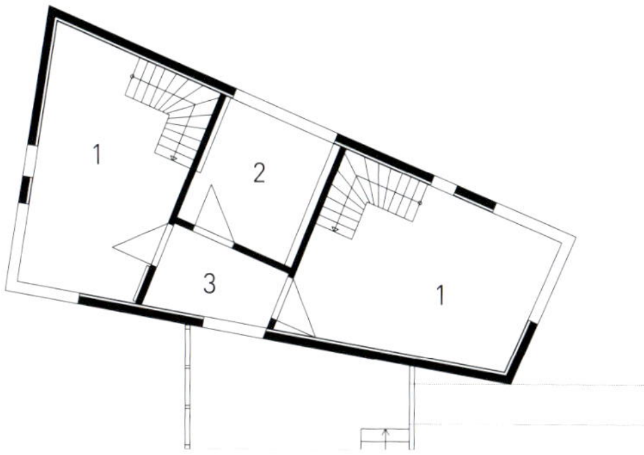

Hanggeschoss M 1:200

1 Kind
2 Bad
3 Flur

Oben: Lufträume neben der Galerie öffnen den Raum in beiden Geschossen.

Linke Seite oben: Den Hauptinhalt des Hauses bilden zwei Räume. Bei jedem davon führt eine Treppe hinauf zu einer Galerie, die mit einem eisernen Geländer gesichert ist. Die Fußböden in diesem Obergeschoss bestehen aus 20 Zentimeter dicken, geschliffenen und geölten Holzbohlen – sonst nichts.

Linke Seite unten: Die rote Fensterlaibung setzt einen interessanten Kontrast zu den grünen Wänden.

Grundstücksgröße: 945 m²
Wohnfläche: 77 m²
Zusätzl. Nutzfläche: keine
Anzahl der Bewohner: 2
Bauweise: zweistöckiger Flachdachbau
Energiekonzept: Anschluss des neuen Gebäudes an die bestehende Energieversorgung des Bestands
Heizwärmebedarf: k. A.
Primärenergiebedarf: k. A.
Fertigstellung: 2007
Baukosten: 136.000 Euro

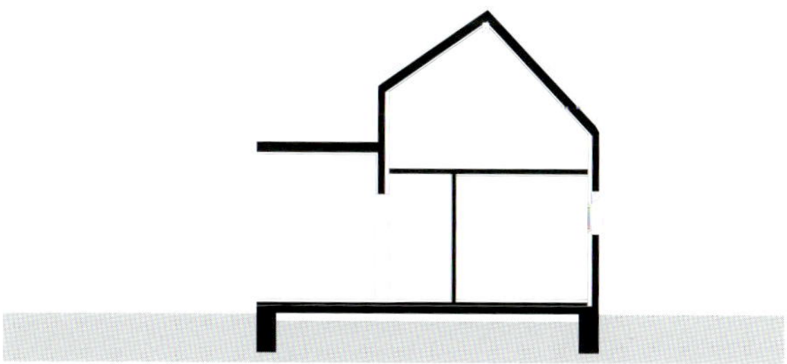

Schnitt M 1:200

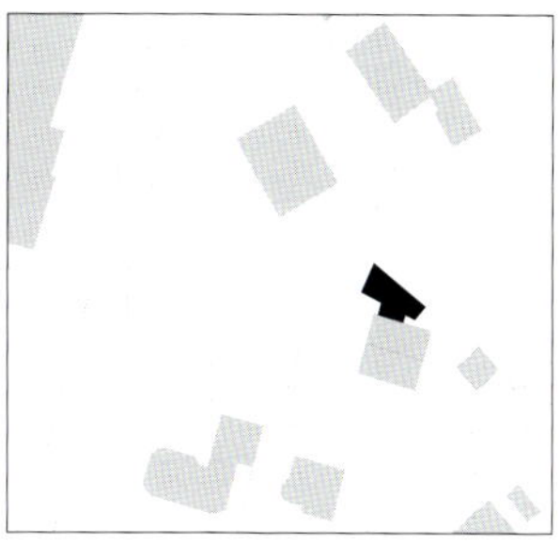

Lageplan

Bettina Kunst und Christian Herbert, **Kunst + Herbert,** Hamburg / Hofhaus in Hamburg-Eimsbüttel

→ Dass man auch aus einem unscheinbaren Gewerbebau ein Traumhaus machen kann, beweisen die Architekten Kunst + Herbert in einem Hinterhof in Hamburg Eimsbüttel. Hinter der Gelbklinkerfassade verbirgt sich ein Atriumhaus, das mitten in der Großstadt Intimität in modernem Ambiente bietet.

Innere Werte

→ Der Hinterhof in Hamburg-Eimsbüttel bot ein desolates Bild, als sich Bettina Kunst zum ersten Mal mit ihm beschäftigte. Da standen mehrere Schuppen, darunter ein ehemaliges Laborgebäude mit Pultdach und schimmeligen Wänden. „Das Gebäude", erinnert sie sich, „war heruntergekommen, dunkel und tierbauartig verwinkelt." Doch dass man sogar aus so etwas ein attraktives Haus machen kann, konnte sie gleich nebenan schon einmal beweisen. Dort hatte sie eine ehemalige Klempnerwerkstatt in ein sonniges Atriumhaus verwandelt, das sie selber bewohnt. Freunde der Familie warfen alsbald begehrliche Blicke auf das benachbarte Labor – Baugrund in zugleich städtischer und ruhiger Lage ist in Hamburg nicht häufig zu finden.

→ Also machten sich die Architekten daran, auch das Nachbargebäude zu entwickeln. „Es ist eine Transformation", sagt Bettina Kunst, „man sollte spüren, dass es kein kompletter Neubau ist, dass er Geschichte hat." Nachdem man sich entschieden hatte, die Innenwände nicht zu verwenden, blieb am Ende vor allem die Fassade, um dies noch zu demonstrieren: Sie zeigt das Gesicht eines Gewerbebaus aus den Sechzigerjahren. Unverändert blieb auch die Baumasse des Labors mit seinem erneuerten Pultdach. Das hatte vor allem den Vorteil, dass keine Genehmigungen von den Nachbarn eingeholt werden mussten: „Wir konnten gleich loslegen", so die Architektin.

→ Ein Nachteil lag in den niedrigen Decken, die noch niedriger wurden durch den Fußboden, der nun eine dicke Dämmschicht erhielt und die Heizung aufnahm. Die Architekten glichen das durch eine schmalere Konstruktion aus. Das neue Dach ist in seinem Aufbau einfacher, braucht weniger Raum und spart fast einen Meter an Trägern ein. Beibehalten und auch im Innern sichtbar gemacht wurde die Neigung. Die Raumhöhen reichen von 2,20 bis 3,30 Meter.

→ Der zweite große Eingriff bestand im Einbau eines Atriumhofs. Ein Belichtungsproblem hatte das Haus mit seiner Ausrichtung nach Süden zwar nicht. Doch die ausgesetzte Lage im Hinterhof ließ bei den Hausherren den Wunsch nach einem intimeren Außenraum entstehen. Den bekamen sie mit einem Atrium, das im Sommer als zusätzlicher Wohnraum genutzt werden kann. Es ist durch Hebeschiebe-

Suchbild für Geübte: Wo verbirgt sich hier ein schönes, modernes Haus? Antwort: Hinter der Fassade eines ehemaligen Labors aus den Sechzigerjahren. Dass diese, wie auch die gesamte Silhouette, erhalten wurde, hatte nicht nur bautechnische Gründe. Mangels äußerer Veränderungen mussten so für den Umbau keine Genehmigungen von den Nachbarn eingeholt werden.

Durch Hebeschiebetüren ist das Atrium von drei Seiten aus ohne Schwellen zugänglich. Es erweitert sich dadurch das innere Raumkontinuum. An Küche, Essbereich und Wohnzimmer schließt nahtlos der Außenraum an.

Im Sommer bietet das Atrium einen geschützten Außenbereich.

Der Fußboden wurde aus Epoxidharz gegossen. Das Material stammt aus dem Gewerbebereich, ist robust, pflegeleicht und lässt sich beliebig einfärben.

türen von drei Seiten schwellenlos zugänglich. Ansonsten nutzt das Haus seine Südlage aus. Gäste- und Kinderzimmer schauen auf den Garten. Küche, Ess- und Wohnzimmer erstrecken sich von hier aus in einem Raumkontinuum bis zum Atrium und zur Rückwand des Hauses. Das Elternschlafzimmer ist ebenfalls dem Atrium zugeordnet. Unter den verwendeten Materialien fällt das Epoxidharz des Fußbodens auf. Das Material aus dem Industriebau ist widerstandsfähig, preiswert, pflegeleicht und kann dazu noch beliebig eingefärbt werden. In diesem Fall wurde es ein leichter Rotton, der in der Fläche hellgrau wirkt und den Räumen eine klare und heitere Stimmung verleiht.

Von der Küche über den Essplatz zum Wohnbereich zieht sich ein helles Raumkontinuum.

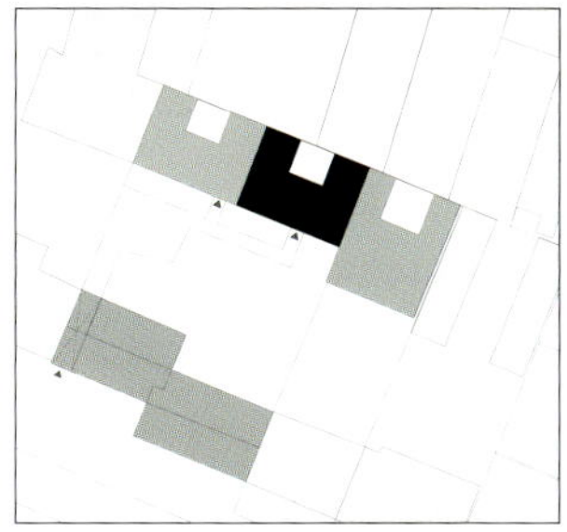

Lageplan

Erdgeschoss ohne Maßstab

1 Wohnen
2 Kochen
3 Essen
4 Hof
5 Bad
6 Kind
7 Schlafen
8 Abstellraum
9 Arbeiten/Gast
10 Hauswirtschaft
11 Eingang/Garderobe

Grundstücksgröße: ca. 300 m²
Wohnfläche: ca.140 m²
Zusätzliche Nutzfläche:
ca. 25 m² „Grünes Zimmer"
Anzahl Bewohner: 3
Bauweise: Außenwände massiv (Bestand), Dach als Zimmermannskonstruktion
Energiekonzept: Heizung und Warmwasser über Fernwärme mit Wärmetauscher
Heizwärmebedarf:
130 kWh/m²a
Primärenergiebedarf:
95 kWh/m²a
Fertigstellung: 2008
Baukosten: 175.000 Euro

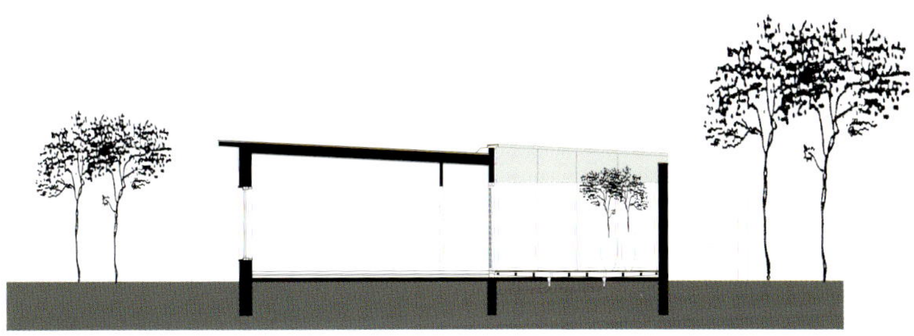

Schnitt ohne Maßstab

Tim Mitto (re.), **Mitto Architekten,** Hamburg / Atelierhaus in Borsfleth

→ Ein Ein-Personen-Haus von aufwändiger Schlichtheit, direkt hinterm Deich. Seine Raffinesse zeigt sich in den Details. Es wird derzeit als Atelier genutzt, ist aber so angelegt, dass es alle Funktionen eines autarken Wohnhauses hat.

Archetyp des ländlichen Bauens

→ Von Weitem sieht es aus wie ein Schuppen: schlichte, senkrecht verlaufende Bretter aus Lärchenholz, dazu ein spitzes Dach mit Bitumenbahnen – ein Archetyp ländlichen Bauens, allgegenwärtig, unauffällig und unambitioniert. Irgendetwas aber ist doch anders an dem kleinen Haus in Borsfleth, gleich hinterm Deich, wo das Flüsschen Stöhr in die Elbe mündet.

→ Da ist zunächst seine Nutzung, denn der vermeintliche Schuppen ist ein Wohnhaus. Es gehört zu einem nebenstehenden Haus aus den Sechzigerjahren. Dort wohnen eine Fotoredakteurin und ein Maler, der Platz brauchte für seine Kunst. Also beauftragte man Architekt Tim Mitto, auf dem Grundstück ein weiteres Haus zu bauen. Eines, das als Mini-Haus auch separat funktioniert, das aber zunächst nur als Arbeitsraum für den Künstler genutzt werden sollte.

→ Das Innere dieses kleinen Hauses wirkt wie in simplen Strichen gezeichnet: ein großer Raum, darin eingestellt ein Block für Küche und Bad, darüber ein Plateau als Schlaf- beziehungsweise Stauraum. Es ist über eine Leiter zu erreichen. Der Boden besteht aus Estrich, nur mit Steinöl behandelt. Einfacher geht es kaum.

→ Aber gerade der Minimalismus ist eine Disziplin, die zur Meisterschaft reizt. Die Raffinesse liegt in diesem Falle in der Hülle aus Lärchenholz. „Die ist viel zu aufwändig gearbeitet für so ein kleines Haus", seufzt der Architekt und weist auf die Details hin, die den Schuppen zu einem kleinen Kunstwerk machen.

→ Drei Doppel-Türen gibt es, die mit einer Höhe von 4,20 Metern eher wie Tore wirken. Die größte unter ihnen, ein zweiflügeliges Exemplar, ist an der Giebelseite untergebracht und öffnet den Blick ins Marschland. Die beiden anderen, halb so breit, mit einem Flügel, liegen sich an den Seiten des Hauses gegenüber.

→ Es sind Glastüren, jedenfalls nach innen. Außen werden sie von Holztoren komplett verschlossen. Dafür sind die Bretter dieser Tore so exakt gesetzt, dass ihr Verlauf nicht nur in geschlossenem Zustand bruchlos an die Bretter der Fassade anknüpft, sondern auch im geöffneten. Die Tor-

Das Haus ist genau doppelt so breit wie sein Tor. In aufgeklapptem Zustand verschmelzen die Flügel mit der Fassade. Beide sind so exakt gearbeitet, dass sich dabei der vertikale Verlauf der Bretter ohne Bruch fortsetzt.

flügel fügen sich auch in geöffnetem Zustand in die Fassade ein und sind quasi unsichtbar. Sie machen dann den Blick frei auf reine, klare Glasöffnungen. Ein Rahmen ist nicht zu sehen, er tritt zurück hinter die Lärchenfassade. Das Licht kann ungehindert in den Raum hineinfluten. Der vermeintliche Schuppen, so stellt sich heraus, ist ein Bravourstück perfekten Handwerks und eines diskreten Minimalismus.

Durch die großen Fensterflächen wirkt das Haus, trotz seiner monolithischen Form, offen und leicht. Dazu tragen auch die beiden seitlichen Türen bei, die sich genau gegenüber liegen.

Es muss nicht immer eine Treppe sein, zuweilen tut es auch eine Leiter. Jedenfalls solange das Haus nicht zum Wohnen, sondern als Atelier genutzt wird.

Unter der Galerie liegen die Funktionsräume Küche und Bad. Das Schlafzimmer oben wird derzeit als Lagerraum genutzt.

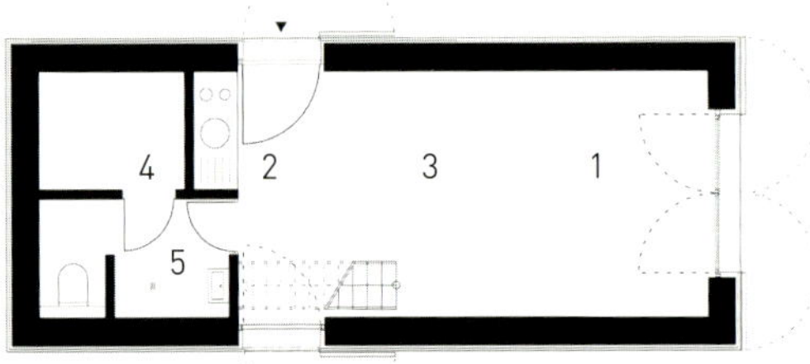

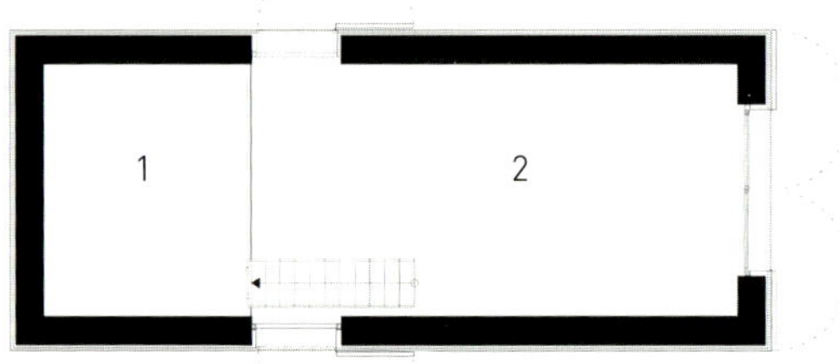

Erdgeschoss M 1:200

1 Wohnen
2 Kochen
3 Essen
4 Hausanschluss/Abstellraum
5 Bad

Obergeschoss M 1:200

1 Schlafen
2 Luftraum

Linke Seite: Das Fenster ist 4,20 Meter hoch. Der Ausblick geht ins Marschland der Unterelbe.

Durchlässigkeit erzeugen auch die beiden seitlichen Türen, die einander gegenüber liegen. Das Dach ist mit Teerpappe gedeckt, deren Bahnen die Vertikalität der Lärchenholzverschalung aufnehmen.

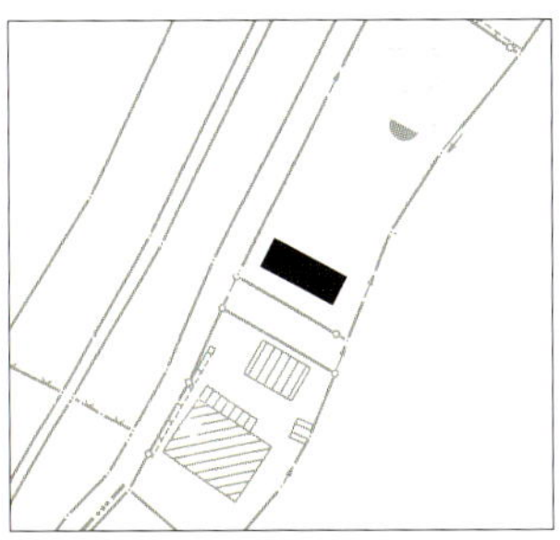

Lageplan

Grundstücksgröße: 230 m²
Wohnfläche: 55 m²
Zusätzl. Nutzfläche: keine
Anzahl der Bewohner: 1
Bauweise: Studiohaus mit eingebautem Block für Küche und Bad. Hülle aus Lärchenholz
Energiekonzept: nach EnEV 2001
Heizwärmebedarf: 145 kWh/m²a
Primärenergiebedarf: 131 kWh/m²a
Fertigstellung: 2006
Baukosten: 78.000 Euro

Axel Nieberg, **Nieberg Architect,** Hannover / Wohnbau über einer Garage in Lehrte

→ „Der Wohnbau ist ein Beispiel für ein ressourcensparendes Bauen. Er zeigt, wie durch Nachverdichtung im Bestand eine außergewöhnliche Wohnqualität erreicht werden kann. Der Wohnriegel legt sich als eigenständiges Element über eine Bestandsgarage aus den Sechzigerjahren. Die additive Fügung wird durch das zweiseitige Auskragen des Riegels in seiner Wirkung verstärkt."

Eleganter Aufleger

→ Unter allen in diesem Buch vorgestellten Häusern hat das in Lehrte sicher den ungewöhnlichsten Bauplatz: Es steht auf einer Garage. Die gehört zu einem Wohnhaus aus den Sechzigern und war von Anfang an so geplant, dass auf ihrem Dach einmal dessen Erweiterung stattfinden konnte. Der Giebel des Altbaus, so der Plan, sollte einmal darüber weitergebaut werden, um Wohnraum für den Sohn des Hauses und dessen Familie zu schaffen. So weit, so vorausschauend. Ganz sicher nicht gerechnet hatte die Familie damals mit einem Kopf wie Axel Nieberg. Der nämlich, als Architekt für die Erweiterung engagiert, dachte sich für die Garagenbebauung etwas so Eigenwilliges aus, dass nach Vorstellung des Entwurfs erst einmal „Funkstille herrschte", wie er sich erinnert. Was die Bauherren da sahen, hatte ihnen schlichtweg die Sprache verschlagen: Nieberg wollte das Haus quer über dem Riegel von vier Garagen platzieren und zwar so, dass es nach beiden Seiten auskragte. Er sah einen Eingang durch eine der Garagen vor und legte das Bad als fensterlosen Raum in die Mitte des Hauses. Dann bestückte er die Außenhaut des Baukörpers mit einem Spalier von Lamellen, die bald horizontal, bald vertikal montiert werden sollten.

→ Ein seltsamer Entwurf, der die Familie dann aber doch für sich einnahm. Denn das Haus zeugt nicht nur von entwerferischer Fantasie, sondern überzeugt auch mit Logik und rationaler Raumplanung. Hinter der Straßenfassade liegen Schlaf- und Kinderzimmer. Und will man das Haus einmal von hinten nach vorn erzählen, kann man berichten, dass von hier aus an den Flanken zwei Flure entlangführen. Die flankieren das beidseitig erschlossene Bad und sind zugleich Ankleidezimmer mit deckenhohen Einbauschränken. „Die habe ich auf den Fluren untergebracht", sagt Axel Nieberg, „um die Wohnräume großzügig und weit zu erhalten."
→ Ein Blick ins Bad überrascht mit einer Lichtkuppel von vier Quadratmetern. Und, hinter Dusche und Badwanne, mit satinierten Glasflächen, die Licht von Fluren und Fenstern in den Raum führt. So lichtlos, wie seine Position im Grundriss vermuten ließe, ist das Bad dann eben doch nicht. Wobei der Architekt betont, dass er bei seinen Bauten stets die Lichtplanung von Anfang an mitdenke. Hier in Lehrte ist das Haus dank der Lamellen von einem feinen, indirekten Licht geprägt, das dem Sichtbeton seine Härte nimmt.

Das Haus ist als Riegel quer über eine Reihe von Garagen gelegt. Ein markantes Element sind die Lamellen aus satiniertem Glas, die für Sichtschutz sorgen und im Innern durch indirektes Licht eine beeindruckende Stimmung erzeugen.

Architekt Axel Nieberg legt Wert auf integrale Planung auch beim Interieur. Die Leuchten in der Küche sind so installiert, dass ihr Lichtkegel mit Dunstabzugshaube und Herd strenge Harmonie erzeugt.

Betonstützen und Holzfußboden ergeben zusammen eine Atmosphäre moderner Klarheit.

→ Weiter geht's zur Küchenzeile mit Essplatz, an zwei Betonstützen vorbei ins Wohnzimmer und auf einen kleinen Balkon.

→ Von hier aus sieht man links das Treppenhaus, das separat steht und mit Betonbruchsteinen verkleidet ist. Deren raue und unregelmäßige Oberfläche kontrastiert den ansonsten glatten und anthrazit durchgefärbten Beton des Hauses.

→ Die Stufen führen hinab in eine geräumige Diele, wieder mit Einbauschränken und dazu separaten Abstellräumen. Man befindet sich hier in einer der ehemaligen Garagen. Zu merken ist davon nichts mehr, der klare Chic erinnert eher an eine minimalistische Villa.

→ Das überragende Preis-Eleganz-Verhältnis des Hauses ist auch einem handwerklich ambitionierten Bauherrn zu verdanken. Der goss die Betonteile auf der Baustelle selber und ließ es sich nicht nehmen, den Zuschlag an anthrazitfarbenen Pigmenten mit einer Apothekerwaage milligrammgenau abzumessen.

→ Das Haus erhielt den BDA Preis Niedersachsen.

Rechte Seite links: Eine der alten Garagen wurde zum Eingangsbereich umfunktioniert.

Rechte Seite rechts: Der Weg nach oben erfolgt über ein in den Hof gestelltes Treppenhaus. Dessen Baukörper ist außenseitig mit Betonbruchsteinen verkleidet, einem Material, das die strenge Glätte des Betons mit der Unregelmäßigkeit und Rauheit von Naturstein verbindet.

Erdgeschoss M 1:200

1 Abstellraum
2 Hauswirtschaft
3 Garderobe
4 Treppenhaus
5 Geräte
6 Technik
7 Terrasse
8 Garage

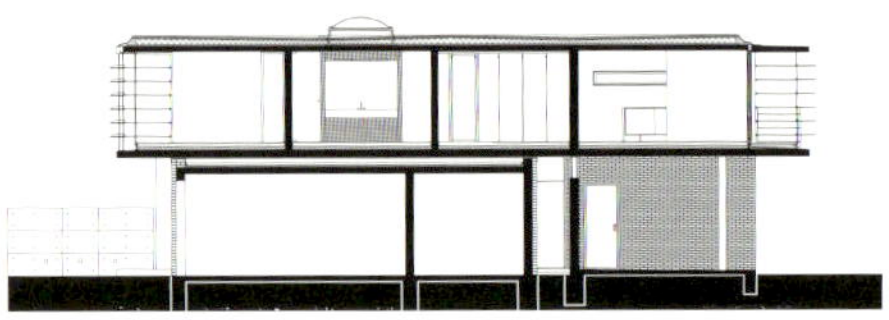

Schnitt ohne Maßstab

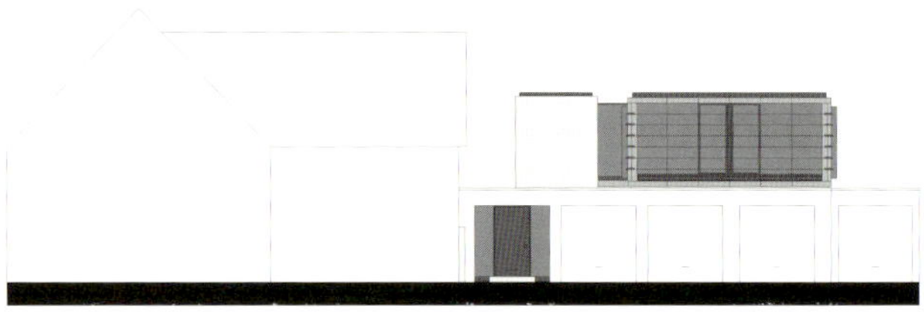

Ostansicht ohne Maßstab

Das Bad ist mittig im Haus untergebracht und findet originelle Lichtlösungen. Es gibt ein großes Oberlicht und satinierte Glasscheiben, die zu den Fluren und den dortigen Außenfenstern ausgerichtet sind. Die minimalistische Ausstattung mit Beton und raumhohen Kacheln passt zum eleganten Gesamtkonzept des Hauses.

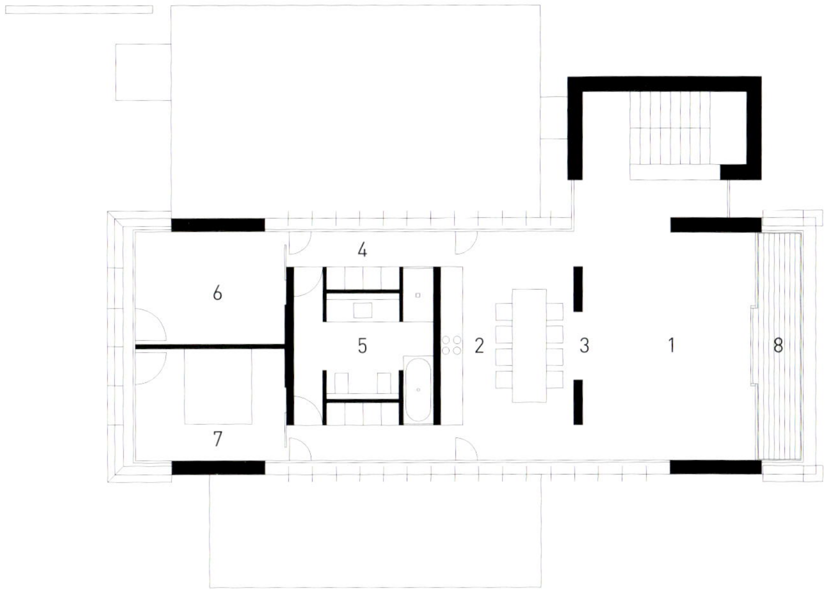

Obergeschoss M 1:200

1 Wohnen
2 Kochen
3 Essen
4 Ankleide
5 Bad
6 Kind
7 Schlafen
8 Loggia

Die Glaslamellen an der Flanke des Wohngebäudes ermöglichen Ausblicke, verhindern aber Einblicke von der Straße her.

Das Lichtkonzept wurde von Anfang an als integraler Bestandteil der Architektur mitgeplant. Im Eingangsbereich innerhalb der alten Garage wurden Leuchten bündig in die Wand eingelassen.

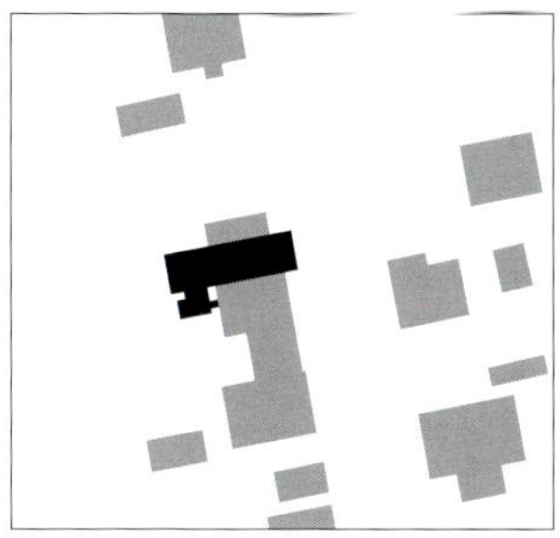

Lageplan

Grundstücksgröße: 990 m²
Wohnfläche:147 m²
Zusätzl. Nutzfläche: 12 m²
Anzahl der Bewohner: 3
Bauweise: Sichtbeton mit Glaslamellenverkleidung
Energiekonzept: Gasbrennwertheizung Bestand, passive Energienutzung
Heizwärmebedarf: 51 kWh/m²a
Primärenergiebedarf: 129 kWh/m²a
Fertigstellung: 2004
Baukosten: 175.000 Euro

Peter Scheller (li.), **Palais Mai,** München / Haus in Wasserburg/Inn

→ „Der schmale, lang gestreckte Baukörper orientiert sich längs am bestehenden Wohnweg. Man betritt das Haus nicht unmittelbar von der Straße aus, sondern in einem Durchgang zwischen Wohnteil und Wirtschaftsbereich. Um die Qualität des weiten Gartenblicks nach Westen zu ermöglichen, erarbeitete man, in enger Abstimmung mit der Stadt Wasserburg, eine Änderung des bestehenden Bebauungsplans."

Der richtige Dreh

→ Aus einem solchen Grundstück etwas zu machen, ist ein Kunststück besonderer Art: Es wird überragt von einem achtstöckigen Altersheim aus den Siebzigerjahren. Zudem sah der Bebauungsplan vor, dass ein mögliches Haus an dieser Stelle genau auf jene unattraktive Großstruktur ausgerichtet sein sollte – kein guter Ausgangspunkt für ein Bauvorhaben. Doch eine Schauspielerin und ein Handwerker ließen sich von der Situation nicht entmutigen. Das Paar engagierte mit Palais Mai aus München ein Architekturbüro, das eine kreative Lösung für das Grundstück fand. Ausschlaggebend dabei war, dass es Architekt Peter Scheller gelang, die Behörden zu einer Änderung ihrer Vorgaben zu bewegen. Er durfte das Haus um 90 Grad gedreht anlegen. Auf diese Weise gewann er einen idyllischen Blick in ein weitläufiges Gartenareal, das Altersheim liegt nun seitlich und ist den alltäglichen Blicken entzogen. Den Bauherren formte er ein Haus, passgenau zu ihren ungewöhnlichen Anforderungen. Denn wer sonst muss schon zu Hause Jonglieren oder Akrobatik üben und braucht dafür einen Raum mit 4,50 Metern Deckenhöhe? Diese Bauherren bekamen einen solchen Raum im Obergeschoss. Einen Dachboden gibt es nicht, die Räume reichen bis unter den First. Neben Schlafzimmer und Bad gibt es hier reichlich Platz für zirzensische Kunststücke. Die andere Besonderheit leitet sich aus dem Beruf des Hausherrn ab: Er ist im Bauhandwerk tätig. Kommt er nach Hause, kann er in einem gesonderten Teil des Hauses seine Gerätschaften abstellen, sich umziehen und duschen. Vom Rest der Wohnung sind diese Räume abgesondert. Die Eingangsituation trennt als offener Durchgang mit einer Tür nach rechts die Handwerkerwelt vom Wohnen links. Von diesem Flur aus kann man bis in den Garten mit Schwimmteich und Kirschbaum hindurchsehen. Außergewöhnlich wie der Grundriss ist auch die Heizung. Die Bauherren entschieden sich für die sogenannte Bauteiltemperierung. Die funktioniert ähnlich wie eine Fußbodenheizung. Nur dass die Heizrohre in die Außenwände eingelassen werden, logischerweise an deren Innenseite, unter dem Putz. „Das System", sagt der Architekt, „ist einfach und energieeffizient." Es gibt kaum Wärmeverluste und auch keine Luftzirkulation im Raum, wie bei einem Heizkörper. Weil die Wärme nicht von unten, sondern von den Seiten kommt, entsteht ein behagliches Raumklima, das sich schneller warm anfühlt als bei konventionellen Heizmethoden. Die Grundeinstellung kann folglich etwas kühler blei-

Der lang gestreckte Bau wurde mit grün durchgefärbtem Putz verkleidet. Im Garten gibt es einen kleinen Schwimmteich.

ben. Zudem verbessert die Heizung die Wärmedämmeigenschaften der Außenwände. Die sind durch das Verfahren trockener als üblich und isolieren daher besser. „Die Bauteiltemperierung", erläutert Peter Scheller, „wurde für die Sanierung von historischen Gebäuden entwickelt, hat aber inzwischen einen Markt auch bei anderen Gebäuden gefunden."

→ Der im Bauen erfahrene Bauherr konnte das Haus in Wasserburg mit einem hohen Anteil an Eigenleistung errichten. Es ist aus Porenbetonsteinen gemauert. Sogar das Dach ist daraus gefertigt und dann mit Bitumenbahnen gedeckt. „Baubiologisch ist es hervorragend", sagt Peter Scheller. Die Details reichen vom Lehmputz über eine Holzfaserdämmung unterm Dach bis zu Zellulosefasern unter den 25 Millimeter dicken Eichendielen. Auf dem Dach stehen zusätzlich Kollektoren für Warmwasser.

Grundstücksgröße: 638 m²
Wohnfläche: 139 m²
Zusätzl. Nutzfläche: 47 m² (Waschküche, Dusche, Garage)
Anzahl der Bewohner: 2
Bauweise: Baukörper aus Porenbetonsteinen, grün durchgefärbter Kratzputz, innenseitig Lehmputz, weiß gekalkt, Massivdach
Energiekonzept: Bauteiltemperierung, Warmwasserkollektoren auf dem Dach
Heizwärmebedarf: 57,02 kWh/m²a
Primärenergiebedarf: 61,48 kW/m²a
Fertigstellung: 2006
Baukosten: 170.000 Euro

Der schmale Querschnitt macht es möglich: von der Front kann man durch das Haus hindurch in den Garten schauen.

Massive Eichenbohlen bestimmen die Atmosphäre des gesamten Hauses, sogar im Bad.

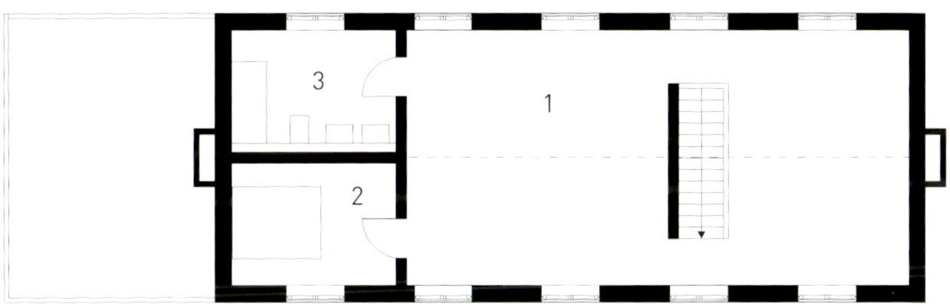

Obergeschoss M 1:200

1 Studio
2 Schlafen
3 Bad

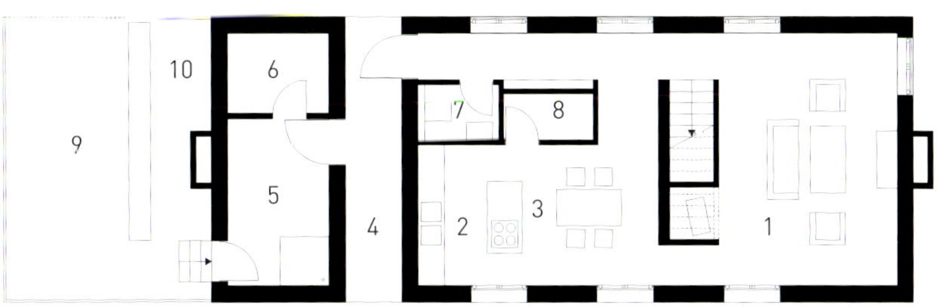

Erdgeschoss M 1:200

1 Wohnen
2 Kochen
3 Essen
4 Durchgang
5 Dusche/Waschküche
6 Haustechnik
7 WC
8 Speisekammer
9 Carport
10 Abstellraum

Lageplan

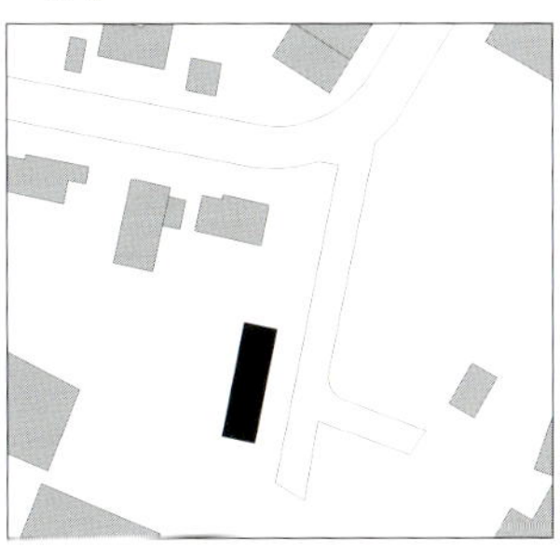

Schnitt 1:200

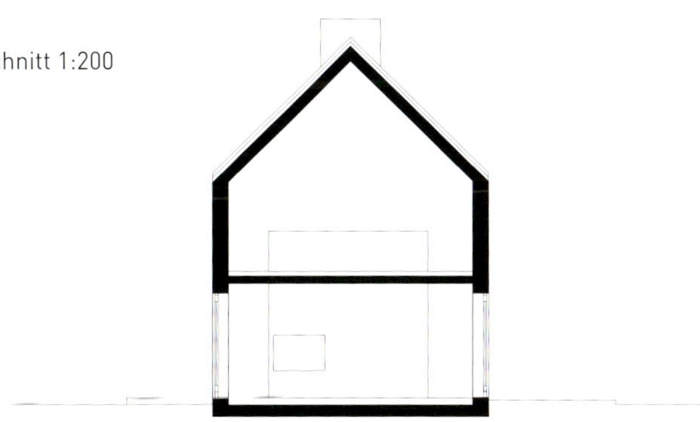

Henner Rolvien, **Quick Bäckmann Quick und Partner,** Berlin / Doppelhaushälfte in Stahnsdorf

→ Zwei Familien ungleicher Größe planten gemeinsam ein Doppelhaus. Entsprechend der unterschiedlichen Bedürfnisse fielen die Teile unterschiedlich groß aus, sind aber über Material und Formensprache zu einer Einheit verbunden.

Geteilte Freude

→ Besonders teuer an einem Haus ist meist seine Hülle. Wohl dem, der eine Wand einspart und ein Doppelhaus bauen kann. In Stahnsdorf zwischen Berlin und Potsdam taten sich zu diesem Zweck zwei Familien zusammen und errichteten ein Haus, das dadurch auffällt, dass seine beiden Teile unterschiedlich groß sind und den geläufigen Vorstellungen von Doppelhaushälften nicht entsprechen. Die unterschiedliche Dimensionierung resultierte aus den je verschiedenen Anforderungen, vor allem wegen der Anzahl der Kinder. In dem kleineren Teil, der immerhin 150 Quadratmeter Wohnfläche misst, wohnt eine Familie mit einem Kind. Dessen Zimmer, betont Architekt Henner Rolvien, ist allerdings geräumig und so angelegt, dass es noch geteilt werden könnte.

→ Rolvien errichtete das Haus in kompakter Bauweise mit geraden Linien, „um es preiswert zu halten". Aus energetischen und ästhetischen Gründen setzte er für die Fassade auf dänischen Klinker. „Das Haus hat einen relativ großen Glasanteil, da brauchten wir eine gute Isolation der Wände", sagt der Architekt. Häuser, verkleidet mit Wärmedämmverbundsystem, nennt er verächtlich „Pappschachteln" und lobt die haptischen Qualitäten des Klinkersteins, der während des Brennprozesses grau ausschlämmt. Und weil er von den Ziegeln so begeistert ist, holte er sie als Sockel für einen Kamin auch ins Haus hinein.

→ Der Grundriss des Hauses ist offen, im Erdgeschoss mit einer Raumflucht für Kochen, Essen und Wohnen. Eine Eigenschaft von Doppelhäusern, dass nämlich ihre Mitte schlecht belichtet ist, steht der Forderung nach Weite und Großzügigkeit grundsätzlich entgegen. „Die Bauherren wollten aber auch in der Vertikale eine gewisse Offenheit", berichtet Henner Rolvien. Er kam diesem Wunsch mit einem Treppenhaus entgegen, das nicht durch Türen abgeschlossen ist und durch ein Oberlicht erhellt wird. Im zweiten Obergeschoss liegen ein Arbeits- und Gästezimmer sowie eine nach Süden gerichtete Dachterrasse. „Wir entwerfen seit zwanzig Jahren Ziegelbauten", erläutert der Architekt das außergewöhnliche Preis-Leistungs-Verhältnis des Hauses, „da wissen wir, wie man im Detail den besten Preis herausarbeiten kann, ohne die Lieferanten zu verprellen."

Hellgrauer Ziegel und viel Glas sind die prägenden Elemente des Doppelhauses bei Berlin. In den hier gesteckten finanziellen Rahmen passte der kleinere Teil, im oberen Foto links.

Das kleine Arbeits- und Gästezimmer im zweiten Obergeschoss ist nur durch eine Fensterfront von der angrenzenden Dachterrasse getrennt. Dies bietet einen tollen Ausblick bei gleichzeitiger Lichtdurchflutung des Raums.

Die Grundanlage des Hauses ist kompakt und seine Konstruktion geradlinig – so konnten die Baukosten in Grenzen gehalten werden.

Die geraden Raumfluchten ergeben sich aus einem klaren Grundriss. Das Gesamtkonzept besticht durch seine Schnörkellosigkeit. Hohe Fenster und hochwertige Materialien wie das Parkett, das im offenen Wohn- und Esszimmer im Erdgeschoss gelegt ist, unterstützen ein Raumgefühl von Transparenz und Wärme.

Weil bei einem Doppelhaus eine Hausseite für die Belichtung ausfällt, sind großzügige Fenster besonders wichtig.

Für den Fußboden wurden 16-Millimeter-Vollholzdielen aus portugiesischer Eiche verlegt.

Auch das Bad im Obergeschoss folgt der klaren Formensprache des Architekten.

Dachgeschoss M 1:250

1 Arbeiten/Gast
2 Dachterrasse

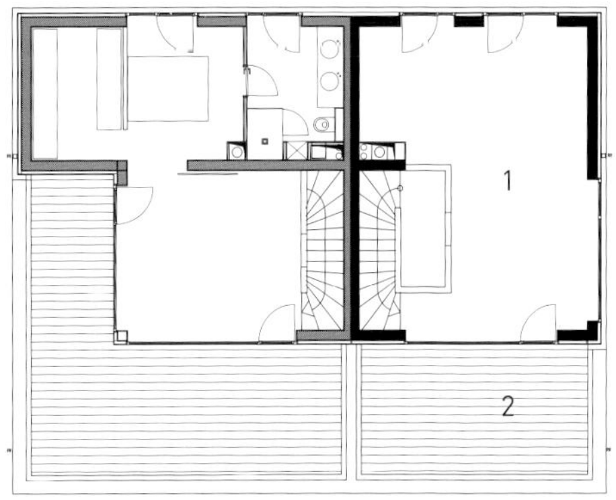

Grundstücksgröße: 982 m²
Wohnfläche: 156 m²
Zusätzl. Nutzfläche: 65 m²
Anzahl der Bewohner: 3
Bauweise: Ziegelbau mit dänischem Klinker
Energiekonzept: Brennwert-Gastherme
Heizwärmebedarf: ca. 15,4 kWh/m²a
Primärenergiebedarf: k. A.
Fertigstellung: 2008
Baukosten: 199.000 Euro

Obergeschoss M 1:250

1 Schlafen
2 Bad
3 Ankleide
4 Kind

Erdgeschoss M 1:250

1 Wohnen
2 Essen
3 Kochen

Schnitt M 1:250

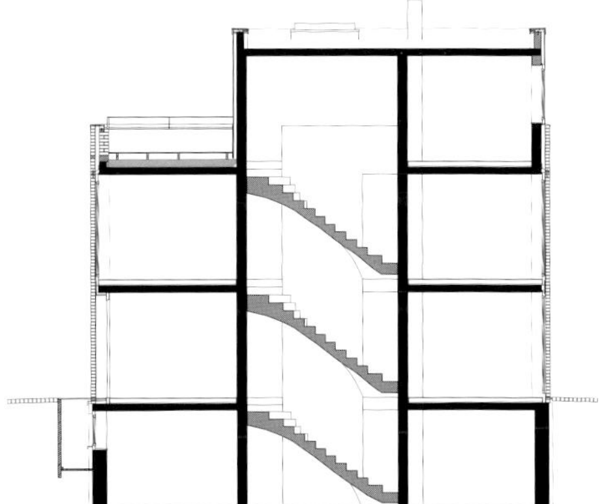

Lageplan

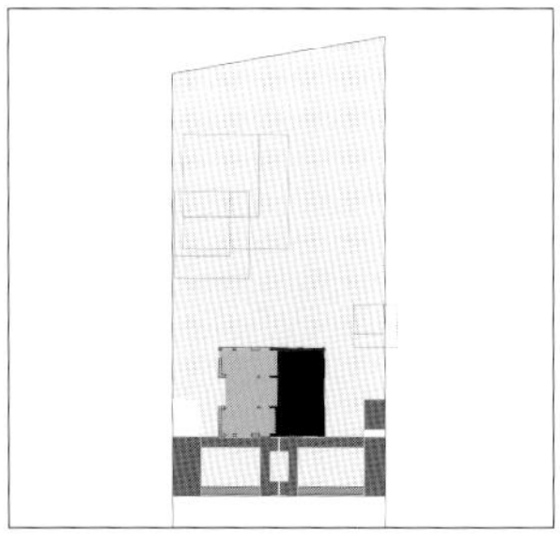

Alexander Reichel, **Reichel Architekten,** Kassel / Holzhaus in Oldenburg

→ „Das Haus ist als einfache Holzbox auf einer Grundfläche von sechs mal sechs Metern konzipiert. Die Qualität des Gebäudes wird durch die räumlich großzügigen Zuschnitte und Höhen im Innern auf einfache Weise unterstützt. Die Hülle besteht aus tragenden Blockbalken, die wärmegedämmt sind und über die als losgelöste Hülle eine durchgängige Haut aus sich verschränkenden Balken gehängt ist. Dadurch lassen sich sehr gute energetische Kennwerte erreichen."

Das kleine 6 x 6

→ Die Bauaufgabe in Oldenburg wirkt wie eine Prüfungsfrage für ein Architekturdiplom: Entwerfen Sie ein Holzhaus auf der Grundfläche von sechs mal sechs Metern. Es soll alle Funktionen eines vernünftigen Hauses enthalten, aber trotzdem nicht beengt wirken.

→ Glücklicherweise hatte Architekt Alexander Reichel bereits sein Diplom, dazu reichlich Erfahrung, und so konnte er die Aufgabe so konsequent wie meisterlich lösen. Er legte das Haus für ein Ehepaar in Oldenburg wie einen Würfel an und verteilte darin die Funktionen mit bestechender Klarheit. Das Wohn-/Esszimmer mit offener Küche erreicht die volle Höhe des Hauses und hat dazu eine Fensterfront, die die ganze Breite des Hauses einnimmt. So entsteht größtmögliche Großzügigkeit auf kleiner Fläche. Über eine seitlich angesetzte Treppe erreicht man eine Galerie. Hier ist das Schlafzimmer untergebracht, daneben ein weiteres Zimmer bereits angelegt. Unter der Galerie, hinter der Küchenzeile und rechts vom Eingang, sind Bad und Technikraum untergebracht – fertig ist ein verblüffend logisch strukturiertes Haus.

→ Die zweite Entwurfsidee neben der einfachen Grundanlage bezieht sich auf die Materialität. Architekt Reichel verkleidete die Innenwände mit Bohlen aus finnischem Nadelholz. Eine Dämmschicht liegt auf der Außenseite, abgeschlossen mit einer schwarzen Folie und überzogen mit Lärchenholzplanken. Alles erinnert an eine archaische Blockhütte. Einen besonderen Reiz machen die Klappschiebeläden aus, mit denen man die Fassade nahezu komplett schließen kann. Das Haus wirkt dann wie ein hölzerner Würfel, dessen ideale Form schon auf die klare Struktur im Innern hinweist.

In geschlossenem Zustand erkennt man besonders gut die kubische Form mit einer Kantenlänge von sechs Metern. Die beiden oberen Bohlen der Fassade verdecken die Glaskuppeln der Oberlichter. Dass es sich bei dem Würfel um ein Wohnhaus handelt, wird erst sichtbar, wenn die hölzernen Läden aufgeschoben werden. Dann öffnet sich der Wohnraum in ganzer Breite zum Garten.

Der Eingangsbereich durchbricht die streng geometrische Form. Die eingeschnittene Nische schafft ein kleines Schutzdach vor der Tür.

Oben rechts: Nur schemenhaft erkennt man hinter der Fassade das kleine Fenster.

Rechts: Größtmöglichen Zugang zur Umgebung erreichen die aufgeschobenen Schiebeläden bei ebenfalls geöffneten Glastüren.

Die Glastüren falten sich nach innen auf und geben den Blick in den fast sechs Meter hohen Wohnraum wieder. Der Fußboden dort ist in Terrazzotechnik mit raffiniertem Farbspiel gearbeitet: weißer Zement mit Einschlüssen aus weißem Marmor. Die Treppe hat einen Untertritt, um den nötigen Anstiegswinkel zu erreichen.

Die vorgeblendete Fassade besteht aus acht Zentimeter dicken Lärchenholzbohlen. Sie sind nach Art des Tiroler Schlosses über Eck verbunden, eine Verzinkungsart, die besonders hochwertig ist. Dahinter befindet sich eine Dämmschicht, die mit einer schwarzen Folie abgedeckt ist.

Über die Ästhetik kräftiger Bohlen sind Innen und Außen verbunden – innen jedoch ist das Holz weiß lasiert. Da das Lärchenholz der Fassade vergraut, wird sich mit der Zeit ein größerer und bewusst gestalteter Kontrast zwischen beiden Bereichen entwickeln. Der weiße Terrazzoboden wird seinen Teil zum Effekt beitragen.

Erdgeschoss M 1:200

1 Wohnen
2 Kochen
3 Essen
4 Bad

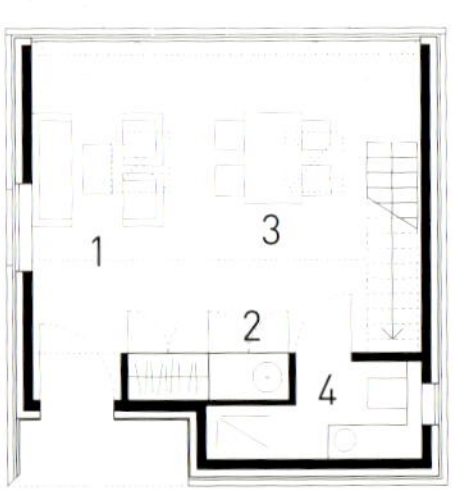

Obergeschoss M 1:200

1 Schlafen
2 Luftraum

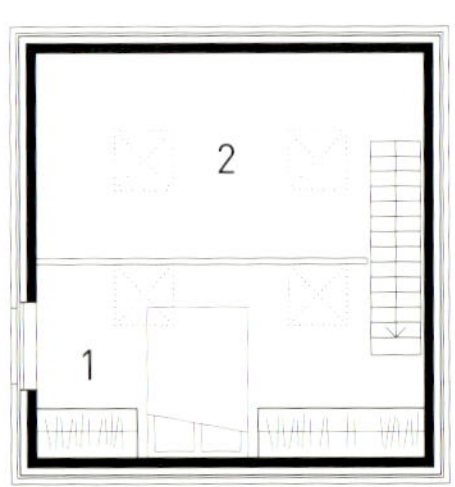

Grundstücksgröße: anteilig ca. 400 m²
Wohnfläche: 40,1 m²
Zusätzliche Nutzfläche: keine
Anzahl der Bewohner: 2
Bauweise: tragende Blockbohlen, zusätzlich gedämmt mit vorgehängter halboffener Bohlenwand
Energiekonzept: Niedrigenergiebauweise, Heizung über Blockheizkraftwerk der Nachbargebäude
Fertigstellung: 2010
Baukosten: ca. 150.000 Euro

Lageplan

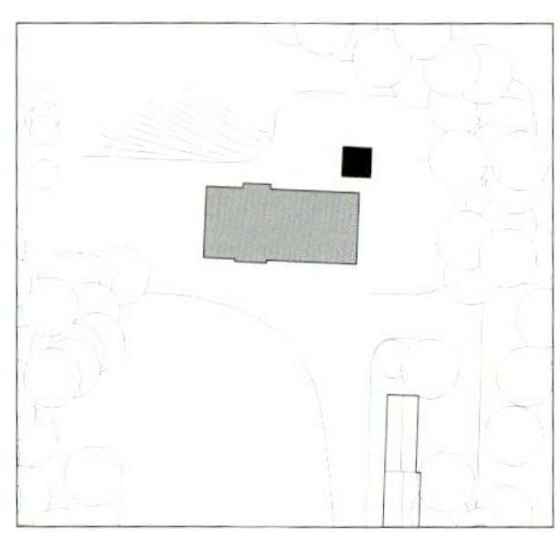

Ein seitliches Fenster ist von außen kaum wahrnehmbar. Das Licht fällt zwischen den Balken der Fassade ein.

Hinter den Schranktüren verbirgt sich eine Küchenzeile. Die linke Tür führt ins Bad, ganz rechts ist der Eingangsbereich.

Der Galerieraum im Obergeschoss verfügt über eine Arbeitsplatte und kann somit als Arbeitszimmer genutzt werden. Dahinter befinden sich Schränke und ein Schlafbereich.

Peter Riether, Eriskirch / Haus in Friedrichshafen

→ Wer Platz zum Bauen sucht, muss manchmal unkonventionell denken – und auf einer Garage das geeignete Grundstück finden. Architekt Peter Riether entwickelte für das Holzhaus eine Tragkonstruktion aus Stahlschienen und setzte darauf ein ebenso intelligentes wie sparsames Haus.

Hoch hinaus

→ Ein besonderer Bauplatz ist eine Garage. Darauf steht in Friedrichshafen ein besonderes Haus, konstruiert von einem Enthusiasten des Holzbaus. „Ich habe es in sichtbarer Skelettbauweise entwickelt", erläutert Architekt Peter Riether das selten verwendete aber materialeffiziente Verfahren, „nur einen fähigen Zimmermann brauchen Sie dazu, weil die Elemente nicht liegend vorgefertigt werden." Dank guter Handwerker konnte aber der Rohbau des Hauses am Bodensee in vier Tagen errichtet werden. Der Entwurf dauerte wesentlich länger. Und wenn Peter Riether von der Konstruktion berichtet, kann er sich noch immer dafür begeistern: Ein Grundraster von zwei Metern führt dazu, dass das Holz für die Decken recht sparsam bemessen sein kann. Auch rhythmisiert es die Innenräume auf fast archaische Weise. Alle auskragenden Teile wurden mit vorgefertigten Lignaturelementen gebaut, was schnell und sicher ging. Die Stützen im Wohnzimmer tragen das begrünte Dach und leiten sein Gewicht auf die Außenwände der Garage ab. Und schließlich ruht das Haus auf Stahlträgern wie auf Eisenbahnschienen. Die Fassade besteht aus Thermowood, mit Wärme behandeltem Nadelholz, das nicht mehr arbeitet, gleichmäßig vergraut und dabei nicht schimmelt.

→ Und natürlich ist die ganze Anlage gut durchdacht. Dazu gehört die Auskragung, die auf kleinem Grundstück Wohnraum schafft und zugleich einen überdachten Stellplatz fürs Auto zur Verfügung stellt. Außerdem der Laubengang zwischen Haupthaus und Neubau, der für Brandschutz sorgt und dem Haus auch auf dieser Seite noch Licht zuführt. Die Fenster des Elternschlafzimmers und eines Kinderzimmers führen auf diese ruhige, von der Straße abgewandte Seite.
→ Ein wichtiges Element ist die vollverglaste Gartenseite, von der eine Wendeltreppe hinunter ins Grün führt. Der Innenausbau erfolgte mit hoch verdichteten Spanplatten, deren Oberfläche so glatt ist, dass sie problemlos angestrichen werden können. Gute Arbeit eines Architekten, sagt Peter Riether, hänge immer auch von den Bauherren ab: „Die sind den Weg mitgegangen und waren offen dafür." Und wurden für dieses Vertrauen belohnt. „Sie sind noch heute sehr zufrieden mit dem Haus", sagt Peter Riether, „das ist für mich das Wichtigste." Und er sagt auch: „Wenn ich einmal für mich ein Haus baue, dann würde ich das auch in sichtbarer Skelettbauweise machen."

Die Garage ist kleiner als das Haus. Daraus ergab sich ein Überstand nach drei Seiten. Der konnte praktisch genutzt werden: auf der Straßenseite durch einen Carport, zum Garten hin mit einem geschützten Sitzplatz.

Linke Seite oben: Die selten verwendete Holzskelettbauweise mit ihren sichtbaren Rippen und Trägern verleiht dem Haus eine ganz eigene Atmosphäre.

Linke Seite unten: Viel Glas prägt den Blick zur Gartenseite. Zur Straße hin ist es eher verschlossen. Hier liegen die Küche und der Essplatz.

Die Stützen sind konstruktiv notwendig und rhythmisieren zugleich den Raum, der sich von der Küche über den Essplatz zum Wohnbereich entwickelt.

Ganz oben: Für den Innenausbau wurden hochverdichtete Spanplatten eingesetzt. Deren Oberfläche ist so glatt, dass sie problemlos angestrichen werden kann.

Helles Holz und die sichtbaren Träger sorgen für eine freundliche und warme Atmosphäre.

Der Baukörper ist aus Brandschutzgründen vom Haupthaus abgerückt. Auf diese Weise entsteht ein intimer Durchgang, der zum Eingang führt. Die Fassade ist mit Thermoholz verkleidet. Das wurde mit Hitze behandelt und arbeitet nicht mehr, schimmelt nicht und vergraut völlig gleichmäßig.

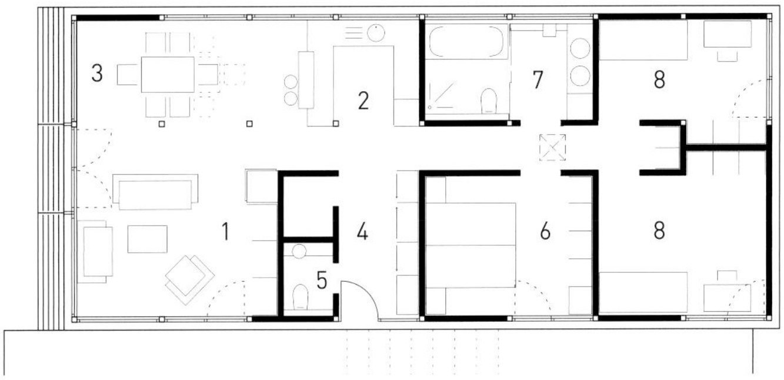

Obergeschoss M 1:200

1 Wohnen
2 Kochen
3 Essen
4 Eingang/Garderobe
5 WC
6 Schlafen
7 Bad
8 Kind

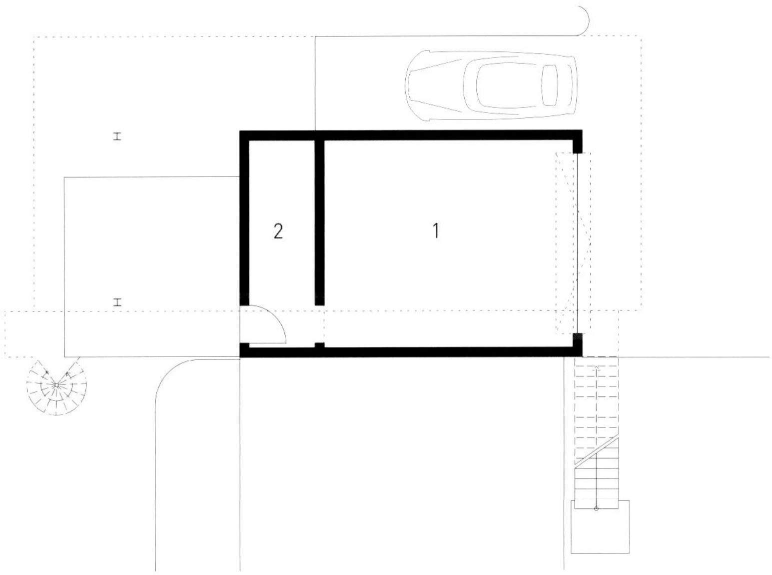

Erdgeschoss M 1:200

1 Garage
2 Abstellraum

Lageplan

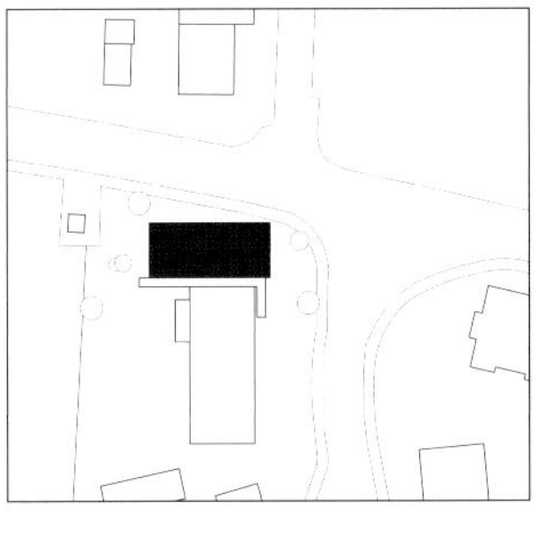

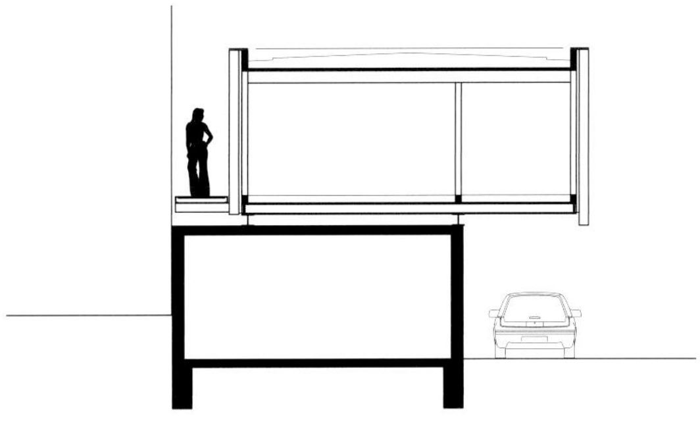

Schnitt ohne Maßstab

Grundstücksgröße: ca. 550 m²
Wohnfläche: 111 m²
Zusätzl. Nutzfläche: 10 m²
Anzahl der Bewohner: 2
Bauweise: Sichtbarer Holz-Skelettbau auf Lignatur-Elementen, Holz-Fassade: Thermowood-Kiefer
Energiekonzept: Fußbodenheizung (Niedertemperatursystem), Erweiterung der bestehenden Gasheizung im Nebengebäude
Heizwärmebedarf: 85 kWh/m²a
Primärenergiebedarf: 115 kWh/m²a
Fertigstellung: 2007
Baukosten: 198.000 Euro

Susanne Schamp, Richard Schmalöer, **Schamp & Schmalöer,** Dortmund / Anbau in Dortmund

→ „Das kleine Siedlungshaus aus den Dreißigerjahren wurde auf der Gartenseite durch einen zeitgemäßen Anbau um 75 Quadratmeter vergrößert und zugleich auch umgebaut. Alt und Neu stehen nun sozusagen partnerschaftlich nebeneinander."

Verwandlungskünstler

→ Seit achtzehn Jahren führen Susanne Schamp und Richard Schmalöer ihr Büro in Dortmund, aber eine solche Begeisterung wie nach dem Umbau des Hauses G haben die beiden Architekten bisher leider selten erlebt. Die Bauherren, berichtet Richard Schmalöer, „wären am liebsten auf die Knie gefallen". Und die Freunde der Familie sahen es genauso. Die Verwandlung des unscheinbaren Siedlungshauses in eine großzügige Villa veranlasste viele Gäste der Einweihungsparty zu bewundernden E-Mails an die Gastgeber – Komplimente, die prompt und gern an die Architekten weitergegeben wurden. Was für eine Verbesserung der Lebensqualität, so der Tenor all dieser Äußerungen, was für eine Verwandlung!

→ Tatsächlich hatte die vierköpfige Familie bereits zehn Jahre in dem unauffälligen Satteldachhaus auf 90 Quadratmetern Wohnfläche gelebt, bis sie sich an den Umbau machten. Das Gebäude gehört zu einer Siedlung aus den Dreißigerjahren, in der eine ganze Reihe typgleicher Häuser auf schmalen, langen Grundstücken nebeneinander stehen. Dieses bescheidene, aber einheitliche Gesamtbild verbot es den Architekten, an der Vorderseite anzubauen. Der Zuschnitt des Grundstücks beengte die Möglichkeiten an den Flanken. Allein die Rückseite, so Richard Schmalöer, kam daher für eine Erweiterung infrage. Ein geräumiges Musik- und Wohnzimmer legten die Architekten hier im Erdgeschoss an, im Obergeschoss platzierten sie das Elternschlafzimmer – alles mit großzügigen Fenstern und Blick auf den Garten samt einer ebenfalls neuen Terrasse.

→ Doch der Anbau geriet gleichzeitig zum Umbau, und womöglich hängt die Begeisterung der Bewohner mit genau dieser Tatsache zusammen. Denn was vorher Enge und Beschränktheit ausstrahlte, steht nun als geräumige Wohlfühlumgebung da. Das ehemalige Esszimmer wurde zur Küche, das ehemalige Wohnzimmer zum Esszimmer. Im Obergeschoss wurde ein neues und geräumigeres Bad eingebaut, im Erdgeschoss ein Gäste-WC. Der gesamte Altbau erhielt eine neue Isolierung, eine neue Fassade, eine neue Heizung. „Das alte Haus", sagt Richard Schmalöer, „stand nur noch im Rohbau." In den Baukosten ist der Aufwand für diese Sanierung miteinbezogen.

Vom Garten aus gesehen, verschwindet das alte Siedlungshaus hinter dem Anbau. Die neuen Räume schaffen darin Luft und atmen auch dem Altbau einen neuen Geist ein.

Der Essplatz von der Küche aus gesehen. Die lang gestreckte Form im Bestandsbau entstand durch das Entfernen einer Wand. Von der Doppeltür rechts gelangt man in den mittigen Eingangs- und Treppenbereich des Hauses.

Der Boden im Musikzimmer besteht aus afrikanischem Schiefer und setzt einen Kontrast zu den Räumen im Bestandsbau.

Rechte Seite oben: Bestand und Anbau sind durch zwei Stufen getrennt. Die großzügige Verglasung auch über Eck weitet die Innenräume in den Garten hinein.

Rechte Seite unten: Ein weiteres Musikzimmer befindet sich in Verlängerung zum Essplatz.

Grundstücksgröße: 750 m²
Wohnfläche Anbau: 68 m²
Wohnfläche Altbau: 149 m²
Zusätzl. Nutzfläche: 47 m²
Anzahl der Bewohner: 4
Bauweise: Massivbauweise
Energiekonzept: Brennwerttechnik
Heizwärmebedarf Anbau: 96,9 kWh/m²a
Primärenergiebedarf Anbau: 121,8 kWh/m²a
Fertigstellung: 2008
Baukosten: 173.000 Euro (ohne Baunebenkosten)

Lageplan

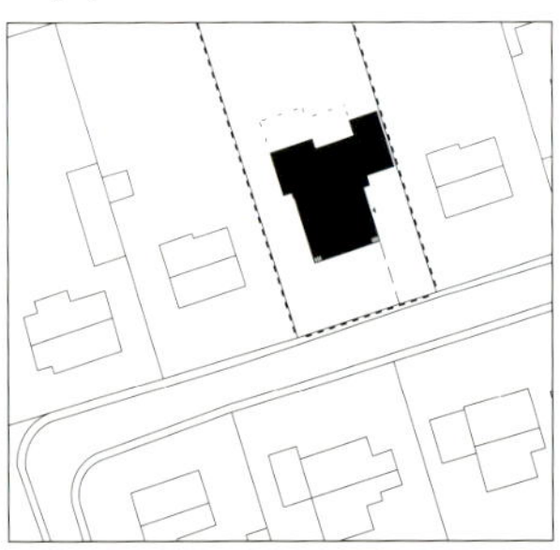

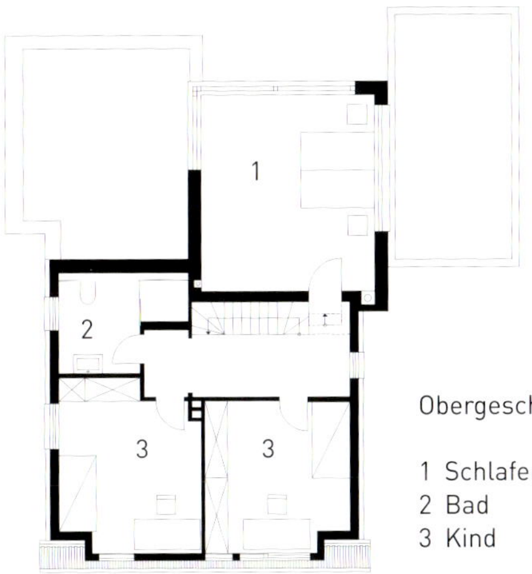

Obergeschoss M 1:250

1 Schlafen
2 Bad
3 Kind

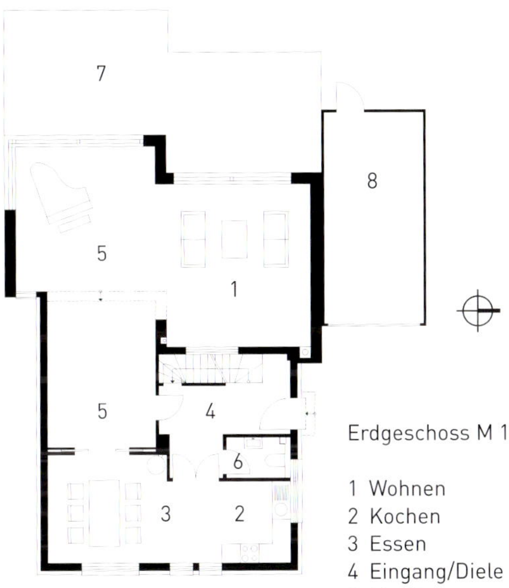

Erdgeschoss M 1:250

1 Wohnen
2 Kochen
3 Essen
4 Eingang/Diele
5 Musikzimmer
6 WC
7 Terrasse
8 Garage

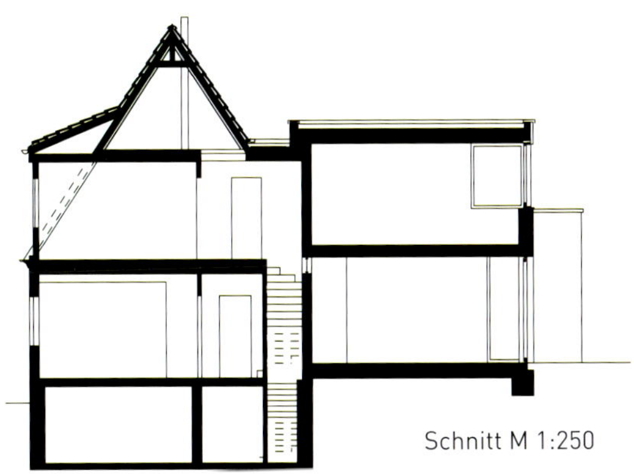

Schnitt M 1:250

Jens-Uwe Seyfarth, **Seyfarth Architekt,** Hannover / Umbau in Seelze

→ „Die Erweiterung einer Doppelhaushälfte bei Hannover hatte als Ziel, die vorhandene Gemütlichkeit mit der Großzügigkeit eines modernen Raumkonzepts zu ergänzen. Im Zuge der Baumaßnahme wurde auch die energetische Sanierung des Altbaus durch Austausch der Fenster und Fassadendämmung durchgeführt."

Energetisch klug

→ Ein schlichtes Siedlungshaus aus den Fünfzigern sollte größer und großzügiger gemacht und seine Energiebilanz verbessert werden, das waren die Vorstellungen einer Bauherrin in Seelze bei Hannover. Das Satteldachhaus hatte sie geerbt. Für mehr Großzügigkeit schlug Architekt Jens-Uwe Seyfarth einen doppelstöckigen Anbau auf der Gartenseite vor: unten ein Wohnzimmer mit Panoramascheibe und Gartenblick, im Obergeschoss ein Bad, das modernen Ansprüchen genügen sollte. Doch auch einfache Ergänzungen werfen zuweilen Probleme auf. In diesem Fall ästhetische, denn mit dem Anbau musste zugleich ein formaler Spagat bewältigt werden zwischen Sattel- und Flachdach, zwischen dem Bestand aus den Fünfzigerjahren und der modernen Ergänzung. Dazu mussten innen die kleinteiligen Altbauräume und das großzügige neue Wohnzimmer mit einer Deckenhöhe von 3,30 Metern harmonisch zusammenklingen. Wie sollte man diese Kontraste verbinden? Außen besorgten dies ein einheitlicher weißer Putz, der über der neuen Wärmedämmung für den Altbau angebracht wurde, sowie die Rahmen der überall neuen Fenster. Im Innern ist es ein einheitlicher Holzfußboden, der die Bauteile als Kontinuum erfahrbar macht. Vier Stufen führen heute vom Alten zum Neuen hinab. Der Altbau liegt, weil er unterkellert ist, höher. Der Neubau öffnet sich zum Garten.

→ Zur energetischen Sanierung des Altbaus gehörte noch die Dämmung des Satteldachs. Die Baukosten beinhalten die energetische Sanierung des Altbaus.

Der Anbau schiebt sich als kubisches Volumen in den Altbau aus den Fünfzigerjahren. Besonders im Dachgeschoss wirkt ein reizvoller Kontrast zwischen den Bauteilen. Auch in der Seitenansicht entsteht ein völlig neues Bild.

Das Panoramafenster im Erdgeschoss des Anbaus öffnet den Wohn- und Essraum zum Garten.

Die Wohnküche liegt ein paar Stufen höher, im Bestandsbau. Durch die Renovierung wurde sie dem Anbau ästhetisch angepasst.

Durch eine gläserne Brüstung wird das Treppenhaus geöffnet und – scheinbar frei stehend – auch über die angrenzenden Räume belichtet.

Alt- und Neubau sind durch frei stehende Treppenstufen verbunden. Die unterschiedlichen Raumebenen markieren zugleich Küche und Essbereich.

Eine Schiebetür trennt den Flur vom Esszimmer. Dahinter öffnet sich ein fließendes Raumkontinuum mit verschiedenen Ebenen.

Die Küchenbar dient als Arbeitsfläche und ergänzt die vorhandenen Sitzmöglichkeiten in der Wohnküche.

Grundstücksgröße: 650 m²
Wohnfläche: 60 m²
Zusätzl. Nutzfläche: keine
Anzahl der Bewohner: 3
Bauweise: massiv, Kalksandsteinwände, Betondecke, Kunststoff und Aluminiumfenster, Wärmedämmverbundsystem mit weißem Putz, Gipsputz, Industrieparkett
Energiekonzept: energetische Sanierung durch Dämmung des Satteldachs, Austausch der Fenster, Wärmedämmung der Außenwände
Heizwärmebedarf: k.A.
Primärenergiebedarf
Erweiterung: 95 kWh/m²a
Fertigstellung: 2009
Baukosten: 170.000 Euro

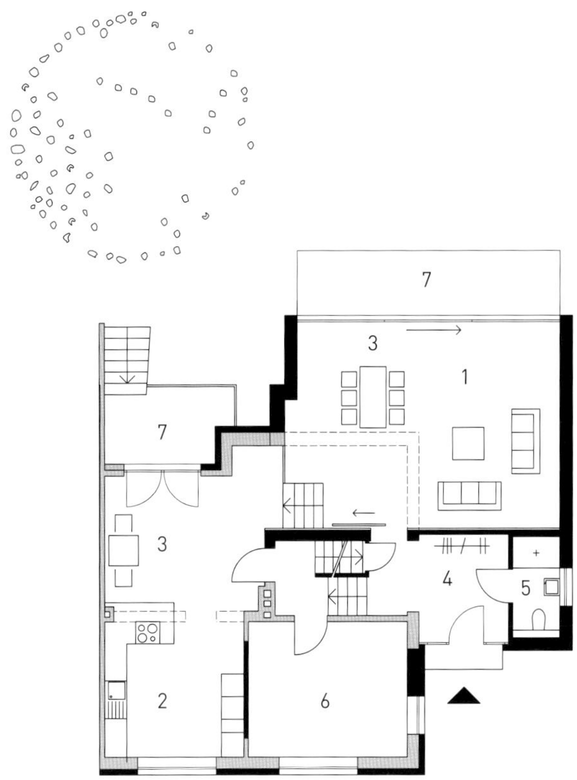

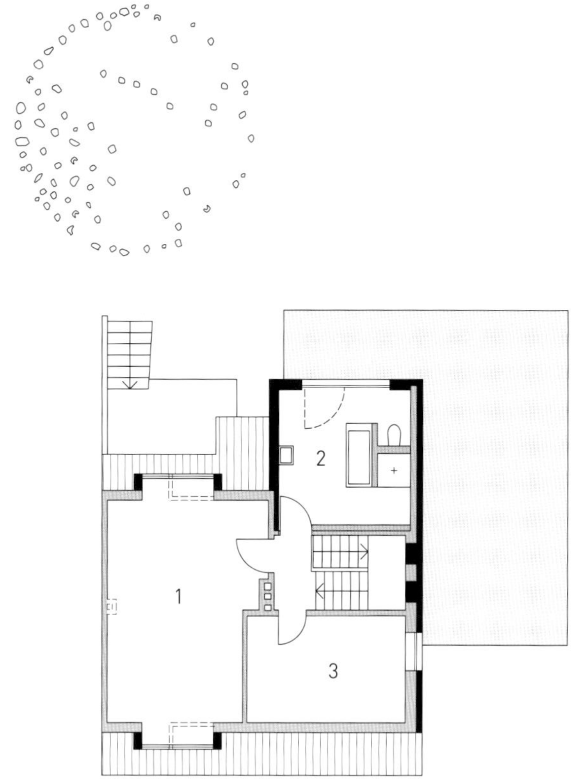

Erdgeschoss M 1:200

1 Wohnen
2 Kochen
3 Essen
4 Eingang/Garderobe
5 Dusche/WC
6 Arbeiten/Gast
7 Terrasse

Obergeschoss M 1:200

1 Schlafen
2 Bad
3 Kind

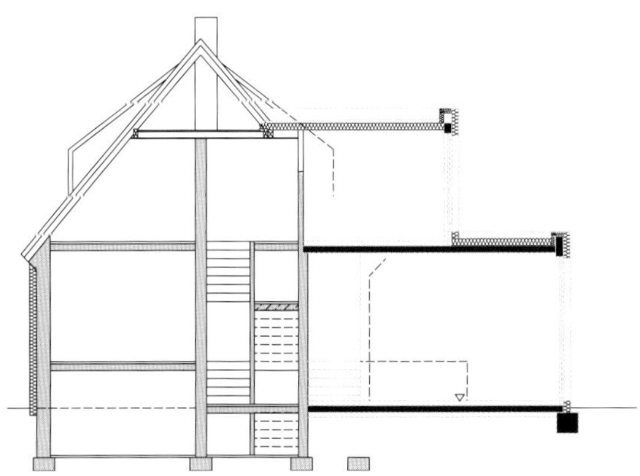

Schnitt M 1:200

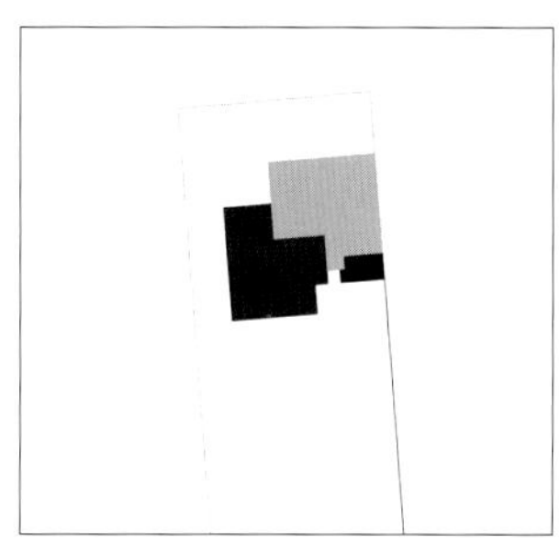

Lageplan

Alexander Nägele, **SoHo Architektur,** Memmingen / Haus in Memmingen

→ Alexander Nägele: „Das kleine Wohnhaus zeigt eine kostengünstige Alternative zu den marktüblichen Hauskonzepten auf, obwohl es, wie im Jahresrückblick des Gemeindeblattes angemerkt, durch seine gestalterische Eigenwilligkeit von den Dorfbewohnern ein großes Maß an Toleranz fordert."

Rote Sparbüchse im Schwäbischen

→ Das rote Haus fällt aus dem Rahmen. „Die Leute blieben anfangs davor stehen und schauten", berichtet Architekt Alexander Nägele und erwähnt auch, dass diese Reaktion keineswegs beabsichtigt gewesen sei: „Die Bauherren sind keine Anhänger der Avantgarde, das sind ganz normale Leute." Auch von Seiten des Architekten war der Entwurf nicht von extravagantem Geschmack diktiert, sondern vom schmalen Budget: 125.000 Euro hat das Haus gekostet. Es war diese Bausumme, die dem Haus seinen Namen gab: BRU 1.25 – 1.25 für 1.250 Euro pro Quadratmeter, BRU für Bruder des Architekten. Das Haus, erfahren wir, ist eine gebaute Sparmaßnahme. Der blanke Estrichboden, die aufgeschobene Gestaltung des Gartens, die Hülle aus Faserzementplatten und das Weglassen von Regenrinnen und Fallrohren – all dies kann zum Thema gelistet werden.

→ Doch man kann das Haus auch anders betrachten. Neben seiner Qualifikation als Sparprogramm ist es Beispiel architektonischer Raffinesse und gestalterischen Durchsetzungswillens. Es erzählt davon, wie man eine maßgeschneiderte und ästhetisch hochwertige Bleibe für zwei Personen errichten kann, trotz doppelter Restriktion durch Budget und Bebauungsplan. Um unter diesen Bedingungen zu befriedigenden Ergebnissen zu kommen, reizte Architekt Alexander Nägele die Vorschriften bis zum Letzten aus – nach Vorstellung mancher Anlieger überreizte er sie sogar. Der Bauherr aber erhielt dafür ein viel großzügigeres Haus als alle seine Nachbarn. Es bekam über dem Essplatz einen Luftraum mit Südfenster und gleich daneben einen Zugang zu einer Terrasse. Die Verkehrsflächen sind auf ein Minimum reduziert. Die Treppe zum Obergeschoss mit Schlafzimmer und Galerie fungiert als Raumteiler zwischen Wohnzimmer und Küche.

→ Mit welchen Vorschriften musste dafür umgegangen werden? In dieser Neubausiedlung, so der Architekt, war als behördliches Gestaltungskriterium vor allem der Kniestock eingesetzt worden. Die Wand, auf der das Dach aufsetzt, sollte nicht höher als 90 Zentimeter sein. Das hieß, man wollte ein Satteldach, das Obergeschoss muss in einem solchen Fall mit Dachschrägen und räumlichen Einschränkungen leben. Alexander Nägele reichte dafür einen Entwurf ein, bei dem das geforderte Maß eingehalten wurde, das Erdgeschoss aber eine Deckenhöhe von 3,50 Metern hatte. Mit der Genehmigung dieses Vorschlags galt auch die Silhouette des Hauses als genehmigt. Jetzt aber plante der

Die gewellte Fassade sorgte bei Anwohnern für Staunen. Es war jedoch weniger der Wunsch nach extravagantem Design, als die finanziellen Rahmenbedingungen, die die Gestalt des Hauses bestimmten. Eine Betonwand schützt die Terrasse vor den Blicken der Nachbarn.

Der Luftraum über dem Essplatz vermittelt ein befreiendes Raumgefühl. Für weitere Transparenz sorgen das Innenfenster im Obergeschoss sowie die bodentiefe Verglasung zur Terrasse.

Rechte Seite: Treppe statt Wand: Der Aufgang teilt Küche und Essplatz vom Wohnbereich ab. Darunter entsteht Stauraum.

Architekt um und senkte die Decken auf 2,30 Meter ab. Der Kniestock oben lag nun plötzlich auf zwei Meter Höhe. Zwar fühlten sich die Behörden durch dieses Vorgehen düpiert, ändern aber konnten sie daran nichts mehr.

→ Mittlerweile haben sich die Nachbarn an den Anblick des Hauses gewöhnt. Und die Bewohner an die neue Umgebung. Vorher nämlich hatten sie in der Stadt gewohnt. Nun fühlten sie sich wie ausgesetzt auf der grünen Wiese. Die anfängliche Kargheit des Hauses aber ist inzwischen gemildert. Vor der Terrasse ist eine Bambuswand emporgewachsen, die den Außenraum vor Blicken schützt. Eine Hecke tut das Gleiche vor der Eingangstür.

Obergeschoss M 1:200

1 Schlafen
2 Ankleide
3 Bad
4 Galerie
5 Luftraum

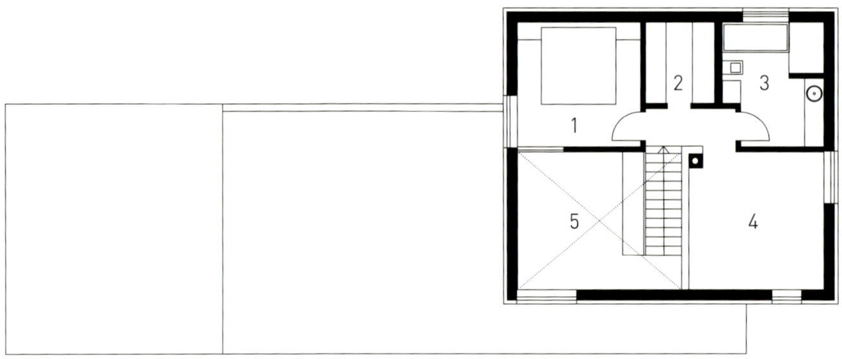

Erdgeschoss M 1:200

1 Windfang/Garderobe
2 WC
3 Technik/Hauswirtschaft
4 Abstellen
5 Wohnen
6 Kochen
7 Essen
8 Terrasse
9 Garage

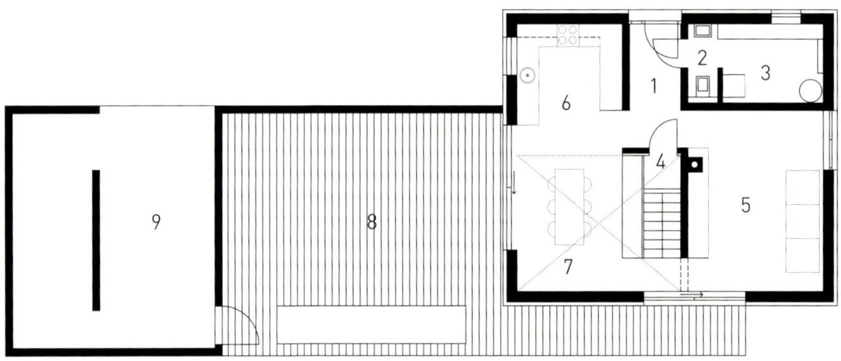

Lageplan

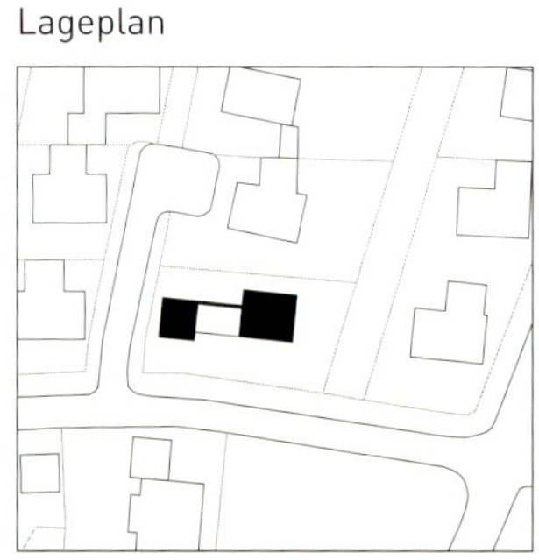

Schnitt ohne Maßstab

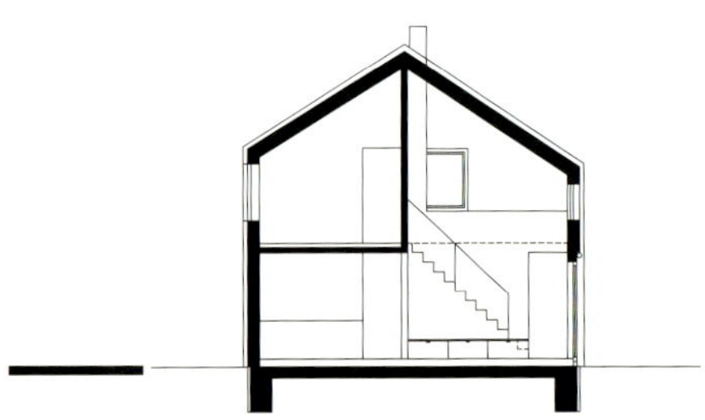

Oben links: Bis hinauf zum Dachfirst entfaltet sich der Raum über dem Essplatz. Treppe, Galerie, Fenster und Türen rhythmisieren das Zimmer und vermitteln spannungsvolle Perspektiven.

Oben rechts: Auch von oben, von der Galerie aus, sind interessante Blickbeziehungen angelegt.

Vom Schlafzimmer im Obergeschoss aus schaut man über den Essplatz durch das ganze Haus hindurch.

Linke Seite: Radikal einfach wirkt das Haus durch das einheitliche Material für Fassade und Dach. Wohnhaus und Garage sind über eine Betonwand verbunden; die Terrasse wird dadurch zu einem intimen Außenraum.

Grundstücksgröße: 590 m²
Wohnfläche: 90 m²
Zusätzliche Nutzfläche: 35 m²
Anzahl der Bewohner: 2
Bauweise: Holzelementbau
Energiekonzept: Gasbrennwerttherme mit Fußbodenheizung, Holzofen als Zusatzheizung
Heizwärmebedarf: 38,5 kWh/m²a
Primärenergiebedarf: 59 kWh/m²a
Fertigstellung: 2007
Baukosten: 125.000 Euro

Architekten Harald Stricker, Nicolas Hein, München /
Haus in Gauting bei München

→ Ein schmales Grundstück, geringe Abstandsflächen zu den Nachbarn und die örtlichen Bauvorschriften diktierten den Entwurf für das kleine Haus in Gauting bei München. Mit viel Liebe zum Detail konnte ein Einfamilienhaus mit hoher Lebensqualität realisiert werden.

Trickreich ausgenutzt

→ Das Äußere von „Haus 3" in Gauting bei München erscheint auf den ersten Blick irritierend: Da fallen unmotiviert wirkende Rücksprünge und ein steil aufragendes Dach ins Auge. Der Grund für diese formalen Eskapaden, so Architekt Harald Stricker, liegt in der örtlichen Bauordnung, es mussten Abstandsflächen gegenüber den Nachbarn eingehalten werden. Zugleich wollte der Architekt auf einer Grundfläche von nur 44 Quadratmetern möglichst viel Raum unterbringen und deshalb hoch hinauf. Das Ergebnis war die eigenwillige Silhouette. Doch ist das Äußere nicht allein von der Bauordnung dominiert. Durch den schmalen Schnitt des Hauses konnten alle Räume nach Südwesten und zum Garten hin orientiert werden. In dieser Richtung liegen auch die Terrasse, ein Balkon und eine Dachterrasse. Großzügige Verglasungen tragen ihren Teil dazu bei, das Licht ins Haus hineinzutragen und die Räume hell wirken zu lassen.

→ „Die Gesamtfläche ist nicht groß", erläutert Architekt Harald Stricker, „aber alles ist sinnvoll nutzbar." Die Verkehrsflächen wurden gering gehalten. Flur und Treppe wurden allerdings separiert, auch wenn man durch eine offenere Anlage vielleicht Platz hätte sparen können. „Das Haus ist für eine junge Familie geplant", sagt der Architekt. Sind die Kinder einmal größer, können sie auf diese Weise ein und aus gehen, ohne die Eltern zu stören. Für kleinere Kinder ist das Haus 3 auch eines der wenigen in diesem Buch, das eine abgetrennte Küche hat. Sie ist durch eine Tür von der Diele aus erreichbar, sodass man Einkäufe schnell abstellen kann. Zum Esszimmer führt eine Schiebetür, mit der man die Küche in dieser Richtung öffnen und eben auch abschließen kann. „Wir waren hier selber die Projektentwickler. Da muss man schauen, dass relativ viele Leute sich angesprochen fühlen können. Und viele wollen eben keine offene Küche, wenn sie kleine Kinder haben", erläutert Harald Stricker.

→ Ansonsten demonstriert das Haus, wie man den vorhandenen Raum trickreich ausnutzen kann. Die Treppe verläuft

Klassisch modern auf drei Geschossen: Mit seinen Vor- und Rücksprüngen bieten auch die Außenräume des Hauses hohe Aufenthaltsqualität.

im Erdgeschoss viel enger als in den oberen Geschossen, weil daneben im Wohnzimmer noch ein Kamin untergebracht wurde. Und das Küchenfenster wurde als schmales, horizontales Band angelegt, sodass man darüber noch Küchenschränke montieren konnte. Als wesentlichen Faktor kostengünstigen Bauens nennt Harald Stricker die einfache Konstruktion in traditioneller Ziegelbauweise sowie die geschickte Aufteilung von Verglasung und Mauerwerk. Auf diese Weise konnten die Handwerkskosten gering gehalten werden.

Die Trennung zwischen Wohn- und Essraum deutet der Vorsprung in den Garten an.

Wohnqualität statt breiter Treppe: Der Kamin nimmt Raum ein, der eigentlich für das Treppenhaus bestimmt war. Dieses musste schmaler werden, damit das Wohnzimmer mit dem Kamin eine besondere Wertigkeit erhielt.

Grundstücksgröße: 220 m²
Wohnfläche: 162 m²
Zusätzl. Nutzfläche: 48 m²
Anzahl der Bewohner: 4
Bauweise: Ziegel-Massivbauweise mit Stahlbeton-Deckenplatten und Stahlbetonkeller
Energiekonzept: Dämmziegel-Massivbau mit hoher thermischer Speicherfähigkeit, solare Wärmegewinne durch große, hoch wärmedämmend verglaste Fensterflächen, Gasbrennwerttechnik-Heizungsanlage
Heizwärmebedarf: 17 kWh/m²a
Primärenergiebedarf: 52 kWh/m²a
Fertigstellung: 2006
Baukosten: 195.000 Euro

Die geschlossene Küche profitiert durch eine Glaswand noch vom Licht der angrenzenden Wohnräume.

Durch die Reihenhausanlage bieten einige der Rücksprünge sogar zurückgezogene, an den Seiten geschützte Balkone als Ruhezonen.

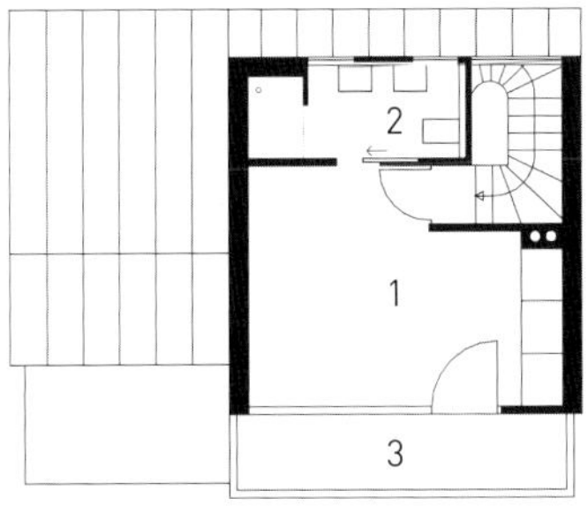

2. Obergeschoss M 1:200

1 Schlafen
2 Bad
3 Dachterrasse

Lageplan

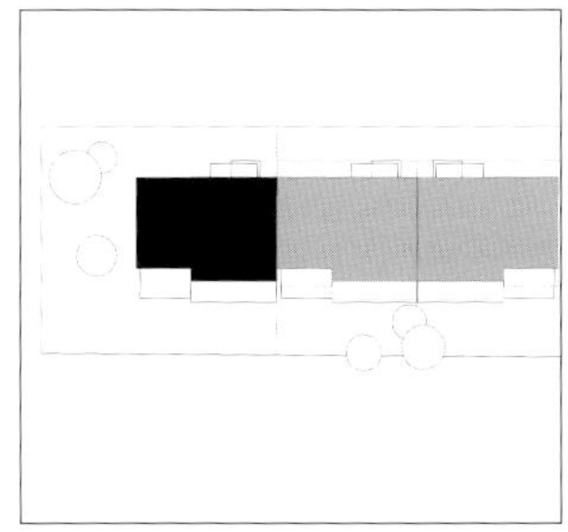

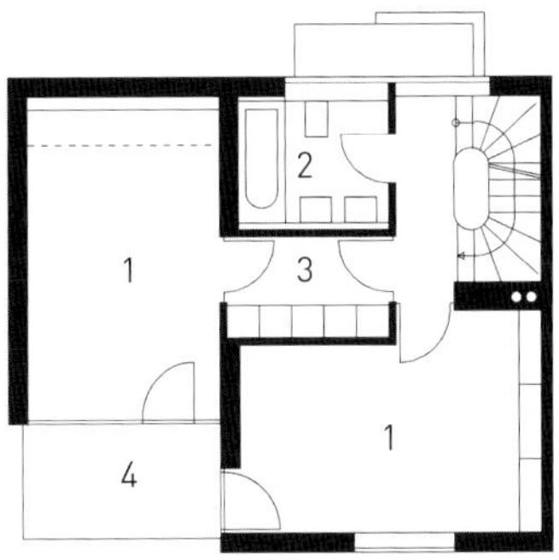

1. Obergeschoss M 1:200

1 Kind
2 Bad
3 Ankleide
4 Balkon

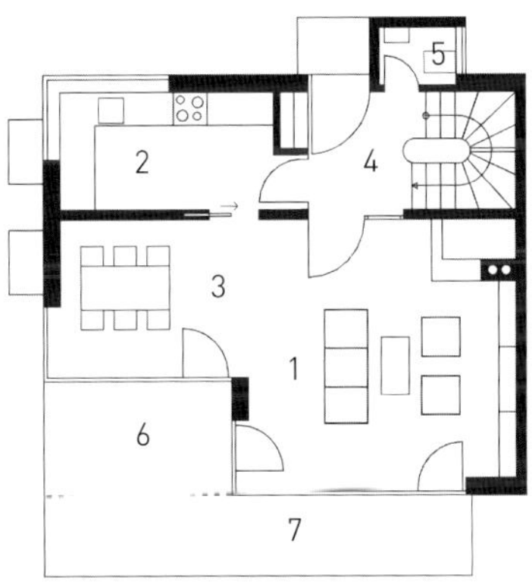

Erdgeschoss M 1:200

1 Wohnen
2 Kochen
3 Essen
4 Diele
5 WC
6 überdachte Terrasse
7 Terrasse

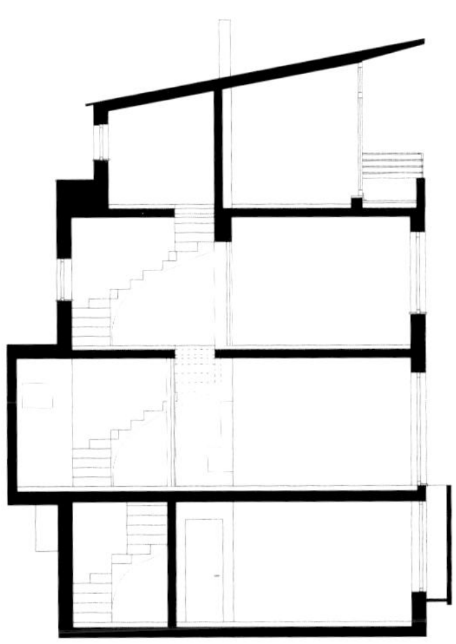

Schnitt M 1:200

Christine Pietsch, Michael Traut, **Traut Architekten,** Bad Camberg / Mini-Haus in Idstein

→ „Eine Baulücke – vorgesehen für einen Parkplatz – wurde zum Bauplatz für das kleine Einfamilienhaus, das nun wie ein kleiner Turm in einem heterogenen Umfeld steht. Anhand der Stapelung der einzelnen Räume ließ sich die geringe Grundstücksbreite optimal ausnutzen. Die damit gegebene konsequente Südausrichtung und passive Nutzung der Sonnenenergie sowie die kompakte Bauform machen das Haus zum Niedrigenergiegebäude."

Bestechende Rationalität

→ Ein Haus von bestechender Rationalität gelang Traut Architekten im hessischen Idstein. Auf einem nur elf Meter breiten Grundstück platzierten sie ein Haus, in dem einfach vier gleichwertige Räume übereinander gestapelt wurden. Von unten nach oben liest sich das so: Ein Keller mit großem Fenster, der auch als Zimmer nutzbar ist. Ein Erdgeschoss mit Küchenzeile und Esszimmer. Im ersten Stock befinden sich das Bad und eine Schranknische. Im zweiten Stock, der unter der Dachschräge gelegen eine etwas kleinere Grundfläche hat, das Schlafzimmer. Alle sind verbunden über eine frei stehende Treppe aus weiß lackiertem Stahl, die durch eine Plexiglasscheibe gegen Stürze abgesichert ist. Weitere Verkehrsflächen fallen nicht an. Zur Rationalität der Raumausnutzung gehört es auch, dass die Gastherme im Dachgeschoss unter die Schräge eingepasst wurde – in eine Fläche, die anderweitig kaum zu nutzen ist.

→ Das Haus mit seiner Grundfläche von nur 32 Quadratmetern, sagt Architekt Michael Traut, eigne sich im Prinzip für eine kleine Familie mit einem Kind. Als es vermietet wurde, meldeten sich jedoch vor allem Künstler, Opernsänger, DJs – alleinstehende Individualisten, die einen kleinen Raum zur freien Entfaltung suchten.

→ Dass das Häuschen so turmartig wirkt, resultiert aus der vollständigen Ausnutzung der erlaubten Bauhöhe. Und die, sagt Michael Traut, sei durch die Nachbargebäude vorgegeben. Die anderen Gebäude sähen bloß kompakter aus, weil ihre Grundfläche größer sei. „Im Prinzip aber haben wir es bei unserem Haus mit zwei Vollgeschossen, dazu Keller und Dachgeschoss zu tun." Es ist gemauert und damit „bestens isoliert", wie der Architekt formuliert. Gegenüber dem sogenannten Vollwärmeschutz habe man beim Mauerwerk einfach ein „besseres Gefühl in der Magengegend." Außen wurde es mit mineralischem Putz, innen mit Kalk verputzt, „der ist offenporig und diffusionsoffen". Die drei oberirdischen Zimmer haben je raumhohe, fast quadratische Fenster.

→ Das Haus wurde vom BDA Hessen für vorbildliches Bauen im Bundesland Hessen 2008 ausgezeichnet.

Stolzer Zwerg auf 32 Quadratmetern Grundfläche: Das Minihaus wirkt durch seine großen Fenster an keiner Stelle beengt

MILES DAVIS EN CON

MILES DAVIS EN CONC

Linke Seite oben: Ein Zimmer, ein Stockwerk, das ist das Grundkonzept. Um den Raum nicht zu verstellen, ist die Treppe mit durchsichtigem Acryl abgeteilt.

Linke Seite unten links: Im Schlafzimmer formt das Plexiglas sogar eine Art Treppenhaus. Auch die Treppe wirkt offen und leicht, sie ist aus weiß lackiertem Stahl und Holz konstruiert.

Linke Seite unten rechts: Im Bad dominieren klare Linien und Konstruktionen, die den Platz optimal nutzen – wie zum Beispiel der in die Wand vertieft eingelassene Spiegel, der so für eine Ablagefläche über dem Waschbecken sorgt.

Das Erdgeschoss ist sogar von zwei Seiten belichtet. Die Küchenzeile wird von einem schmalen Garderobenschrank zur Eingangstür hin begrenzt.

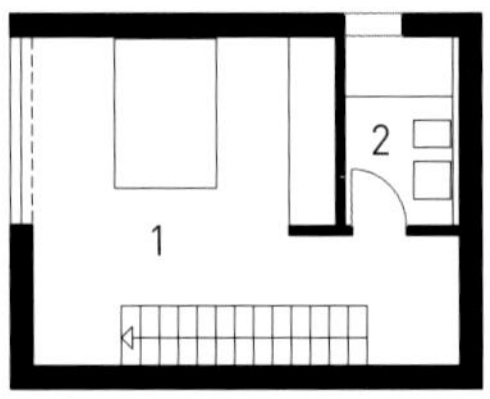

1. Obergeschoss M 1:200

1 Schlafen
2 Bad

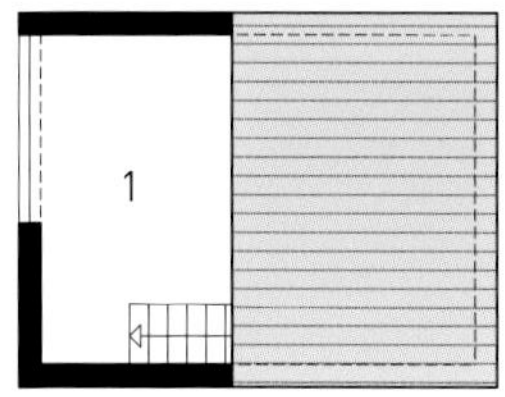

2. Obergeschoss M 1:200

1 Arbeiten/Gast

Grundstücksgröße: 220 m²
Wohnfläche: 72 m²
Zusätzl. Nutzfläche: 3 m²
Anzahl der Bewohner: 2 – 3
Bauweise: Massivbauweise mit Ziegeln und Stahlbeton
Energiekonzept: passive Nutzung der Sonnenenergie durch die Gebäudeausrichtung, Niedertemperaturheizung in allen Räumen in Verbindung mit einer verbesserten Gasbrennwerttherme
Heizwärmebedarf: 86,92 kWh/m²a
Primärenergiebedarf: 109,14 kWh/m²a
Fertigstellung: 2007
Baukosten: 124.000 Euro (ohne Baunebenkosten)

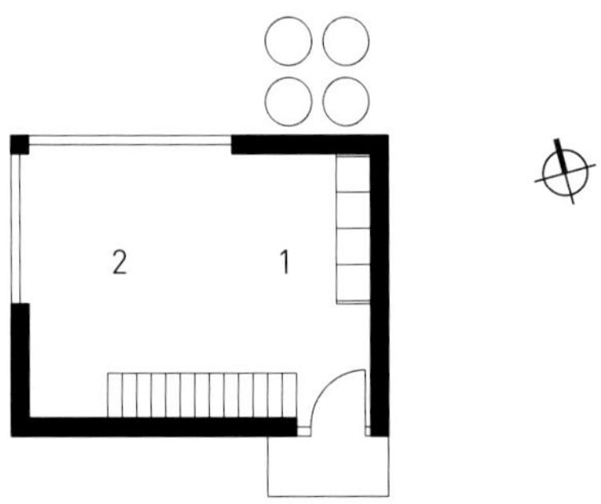

Erdgeschoss M 1:200

1 Kochen
2 Essen

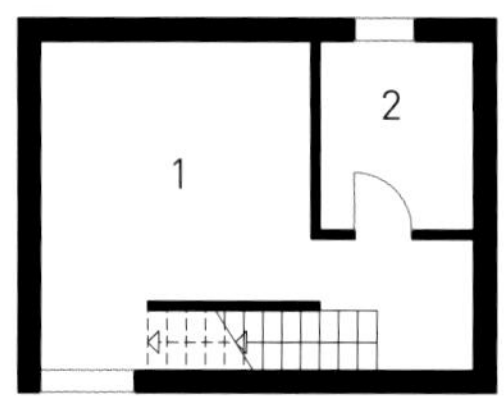

Untergeschoss M 1:200

1 Kellerraum
2 Technik

Dem Nachbarhaus vom gleichen Architekten wendet das Haus konsequent seine Rückseite zu. Die Hauptorientierung geht in Richtung Garten.

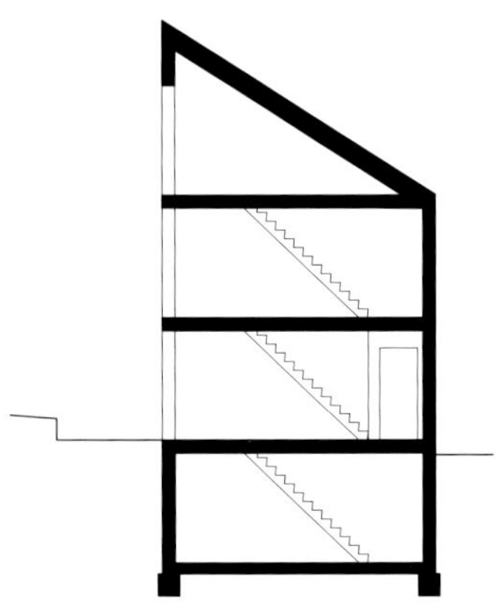

Schnitt ohne Maßstab

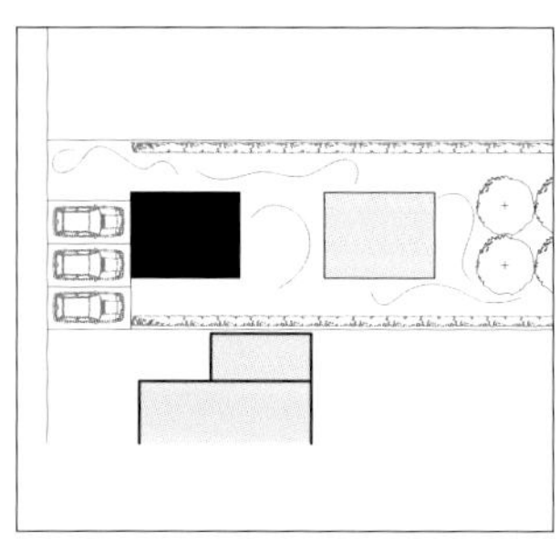

Lageplan

Werner Aisslinger, **Studio Aisslinger,** Berlin – Singapur / Fincube in Südtirol

→ Eine hölzerne Kapsel, gelandet wie ein Ufo, das ist die Grundidee für den Fincube. Es ist ein Haus, das keine Fundamente braucht und auf kleinem Raum komplett ausgestattet ist. Ein Gefühl von Enge kommt darin nicht auf, denn der Wohnraum ist rundum verglast und mit Lamellen aus Lärchenholz verschattet.

Mobile Zirbelstube

→ Er heißt „Fincube", aber würfelförmig ist er nicht. Seine Grundform ist ein Quader, mit seiner zugleich plastischen wie feingliedrigen gewölbten Fassade aus Lärchenholzlatten erinnert er an eine Kapsel auf quadratischem Grundriss. Ein beachtliches Stück Architektur, das als Solitär in einem Südtiroler Weinberg steht und darauf wartet, vervielfältigt zu werden. Denn Fincube ist ein Serienobjekt. Das Thema Mobilität steckt ihm in den Genen. Er kann nicht nur einfach auf-, sondern auch wieder abgebaut werden, zwecks Transports an einen anderen Standort. Initiiert hat dieses Konzept der Bozener Hotelier Josef Innerhofer. Sein Partner war Werner Aisslinger, der mit dem Loftcube schon ein Vorgängermodell zu der jetzigen Version geschaffen hatte. Der war für den urbanen Einsatz vor allem auf Dächern konzipiert. Als Fincube wurde er weiterentwickelt und in den Materialien dem ländlichen Raum angepasst.

→ Seine besondere Beweglichkeit verdankt Fincube der Aufständerung. Große Fundamente müssen für ihn nicht gegossen werden, er braucht nur festen Grund für seine vier metallenen Beine. Dafür ist sein Fußabdruck auch nur rund zwei Quadratmeter groß, eine Bodenversiegelung findet kaum statt, und die überschaubare Standfläche kann nach Abholung des Hauses rasch wieder renaturiert werden.

→ Trotz seiner Mobilität ist der Fincube ein voll funktionsfähiges Haus, oder kann es zumindest sein, wenn der Käufer es wünscht. Der Bewohner erlebt dann ein sensibles Spiel zwischen maximaler Offenheit und diskretem Rückzug. Denn die 47 Quadratmeter Wohnfläche sind einerseits rundum und dreifach verglast. Andererseits bietet die Lärchenholzfassade Blickschutz und spendet Schatten gegen mögliche Überhitzung. Der Fincube genügt damit den Anforderungen eines Niedrigenergiehauses. Die elegant gewölbten Lamellen können je nach Standort und Blickrichtung auch aufgebrochen werden. Trotz der räumlichen Begrenztheit entsteht so nie ein Gefühl von Enge.

→ Der Grundriss ist um einen Kern schneckenförmig angelegt. Durch eine kleine Diele gelangt man in eine Küche mit Essplatz. Von hier geht es weiter durch einen Wohnbereich ins Schlafzimmer und dann ins Bad. Nach alpenländischer Tradition ist das Innere teilweise mit Zirbenholz verkleidet. Die gesamte Haustechnik ist im Cube bereits vorgesehen. Je nach Verwendungszweck werden nur Anschlüsse für Kaltwasser, Regenwasser, Abwasser und Strom benötigt.

Der Fincube steht auf vier Beinen, die von einer Lärchenholzverschalung verdeckt werden. Die Lamellen rund um den Wohnraum mildern den eher strengen Eindruck einer Ganzglasfassade. Sie spenden zugleich Schatten und Sichtschutz, können aber zwecks besserer Sicht auch aufgebrochen werden.

Benötigte Grundstücksgröße: 100 m²
Wohnfläche: 47 m²
Zusätzl. Nutzfläche: ca. 40 m²
Anzahl der Bewohner: variabel
Bauweise: modulare Holzkonstruktion
Energiekonzept: Niedrigenergiehaus mit Dreifachverglasung, Elektrospeicherheizung mit hoher Wärmespeicherkraft, optional mit Photovoltaikanlage
Heizwärmebedarf: k. A.
Primärenergiebedarf: unter 130 kWh/m²a
Fertigstellung Prototyp: 2009
Baukosten: 150.000 Euro (ohne Innenausbau und Transport)

Das Dach lagert auf einem Versorgungskern in der Mitte des Hauses. Drumherum werden die Räume organisiert.

Auch der schmale Raum zwischen Glas- und Lärchenfassade kann genutzt werden. Man erreicht ihn durch die großen Glas-Schiebetüren.

Das flache Dach kann begrünt oder mit Solarzellen bestückt werden. Die Ausstattung mit Küche und Schränken wird nach Bedarf individuell angefertigt und zusammen mit dem Haus geliefert. Mit seinen Dimensionen eignet sich Fincube am besten als Gästehaus oder als Ergänzung zu einem bestehenden Gebäude. Die Hersteller denken auch über einen Einsatz innerhalb von Hotelanlagen nach. Produziert wird der Fincube allein in Südtirol.

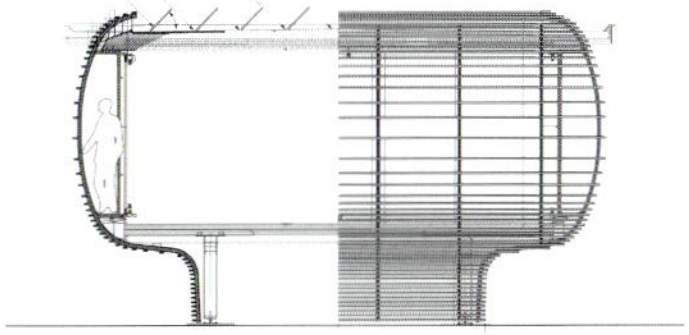

Schnitt M 1:200

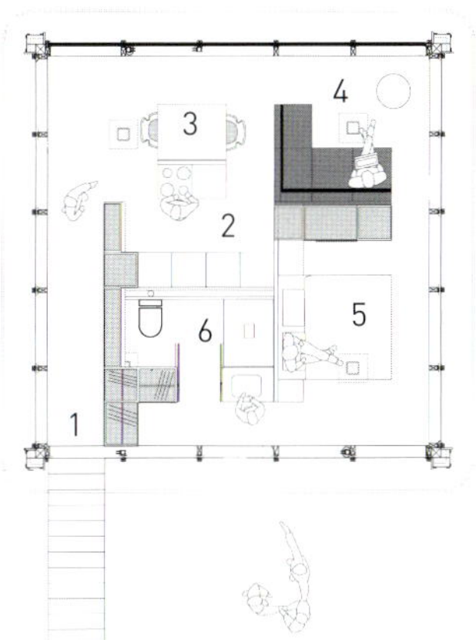

Erdgeschoss M 1:200

1 Eingang
2 Kochen
3 Essen/Arbeiten
4 Wohnen
5 Schlafen
6 Bad

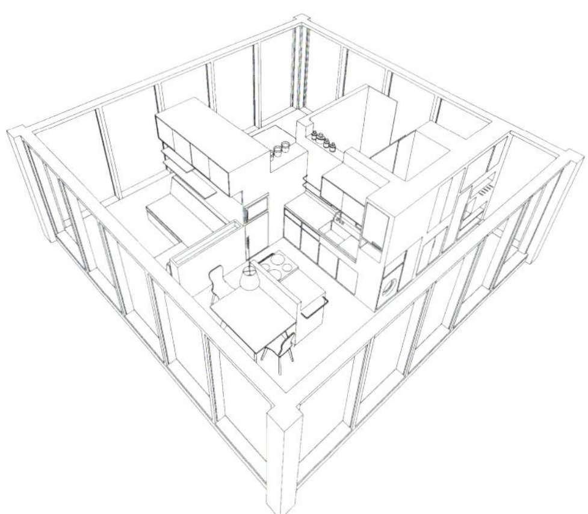

Isometrie

Das geschickte Ausnutzen des knappen Raums ist das durchgehende Thema des Innenausbaus. Der Küchentresen kann zugleich Herd, Esstisch und Arbeitsplatte sein.

Stauraum findet sich zum Beispiel auch unter dem Bett in schön gearbeiteten Schubladen.

Angelika Wacker, Ulrich Zeiger, **Wacker Zeiger Architekten,** Hamburg / Ferienhaus in Lubmin

→ Auch von den Architekten selbst wird das kleine Ferienhaus an der Ostsee gern besucht. Mit Blick auf See und Wald passt es sich gut in seine Umgebung ein: „Antithetisch zu den Heiligendamm-Nacheiferern nebenan behauptet es eine bescheidenere, aber zugleich selbstbewusste ‚Datscha-Kultur'."

Gut eingebunden

→ Es kommt manchmal vor, dass Architekten so begeistert sind von ihrem eigenen Werk, dass sie dorthin einen Betriebsausflug machen. So geschehen bei dem Ferienhaus in Lubmin in Mecklenburg-Vorpommern, entworfen von dem Hamburger Büro Wacker Zeiger. Kurz nach Fertigstellung machte sich das Team zu einem Ostseeausflug auf – und genoss ein Wochenende in einem Gebäude, das sechs Personen Platz bietet: Im Obergeschoss sind zwei Doppelstockbetten untergebracht. Das Anwesen wird regelmäßig vermietet, auch an Familien.

→ Es ist ein Haus, das wie wenige Bezug und Rücksicht nimmt auf die umgebende Natur. Sogar auf eine Gartenanlage wurde verzichtet. Die umlaufende Terrasse scheint den sandigen Boden nicht einmal zu berühren. Der Bau „fädelt sich ein", wie Architekt Martin Böttcher vom Büro Wacker Zeiger es ausdrückt, in ein Wäldchen mit Kiefern und Birken. Nur ein einziger Baum musste gefällt werden. Er hätte einfach zu nahe an der Fassade gestanden und diese bei heftigem Wind beschädigt. Grundsätzlich aber geben die Bäume den Rahmen für das Haus ab und nicht umgekehrt. Sie definieren den Ort und beeinflussten das Design, das die Vertikale ihrer Stämme in der Ausrichtung von Lärchenholzlattung und Fensterschlitzen aufnimmt. Aber nicht nur Wald ist zu sehen, wenn man aus dem Fenster blickt. Im Obergeschoss gibt es ein vertikales Panoramafenster, das nahtlos bis in die Dachschräge eingeschnitten ist und von dem der Blick von der nahe gelegenen Ostsee bis hinauf in den Himmel führt.

→ Die Geschlossenheit der Silhouette trotz der Fenstereinschnitte rührt daher, dass Regenrinne und Regenrohre hinter den Leisten der Fassade verborgen geführt werden. „Die Rohre liegen zwar hinter der äußeren Fassadenschicht, aber vor der Holzständerkonstruktion", betont Martin Böttcher. Das Wasser bleibt so außerhalb des Hauses und kann im Falle einer Havarie keine großen Schäden verursachen. Die Nähe des Meers lieferte die Inspiration zu den Corten-Stahlplatten des Eingangsbereichs. In ihnen soll der Rost alter Schiffe anklingen. Nach der Diele erreicht man eine lang gestreckte Küche, die zugleich als Flur fungiert. „Wir wollten keine großen Erschließungsflächen", erläutert

Fast perfekt getarnt: Das Haus wird durch die vertikale Ausrichtung der Fassadenhölzer und die schmalen Fenster in die Waldumgebung eingebunden. Die Regenrinnen und -rohre verlaufen hinter der Fassade.

Mit dem Corten-Stahl im Erdgeschoss klingen die maritime Umgebung und unmittelbare Nähe der Ostsee an: Die Assoziation rostender Schiffe ist gewollt.

Die Küche liegt in unmittelbarer Verlängerung der Diele. Sie ist Durchgangsraum und deshalb lang gestreckt wie ein Flur.

Wald statt Garten: Die Terrasse schwebt über dem Waldboden und ist um die Bäume herum gebaut.

Rechte Seite: Fenster mit Knick: Hier kann man nicht nur geradeaus auf die Ostsee, sondern auch nach oben in den Himmel blicken.

Erdgeschoss M 1:200

1 Wohnen
2 Kochen
3 Essen
4 Schlafen
5 WC
6 Terrasse

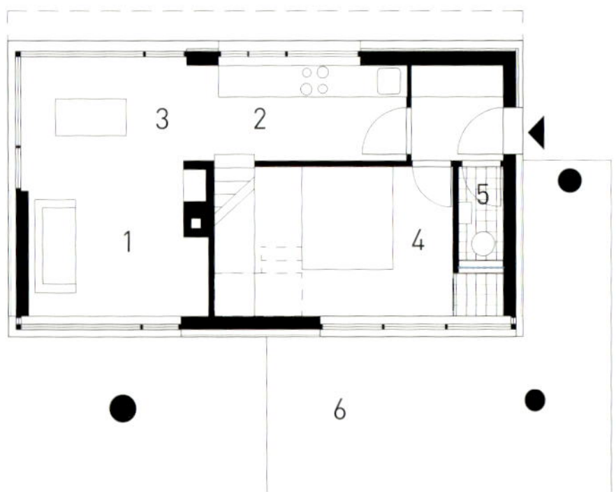

Obergeschoss M 1:200

1 Galerie
2 Bad
3 Schlafen
4 Luftraum

Martin Böttcher, „fließende Räume sparen Kosten." Umso großzügiger konnte man mit einem Luftraum über dem Essplatz und einem Galerieraum im Obergeschoss umgehen. Preiswert wiederum sind viele der verwendeten Materialien. Der Fußboden im Erdgeschoß besteht aus geschliffenem Estrich. Das Dach ist mit Zink gedeckt. Die Heizung wird aus einem Luftwärmetauscher gespeist. Das Haus selber ist hervorragend isoliert. „Gute Dämmung ist wichtig", sagt Martin Böttcher, „ein Zentimeter bringt mehr als viele technische Geräte, die sich erst langfristig amortisieren müssen."

Schnitt M 1:200

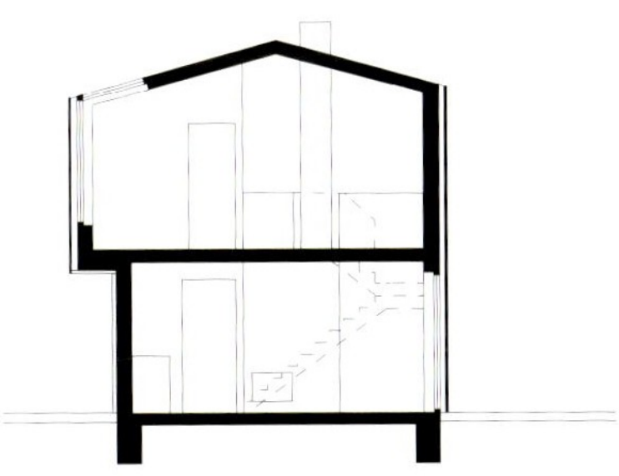

Lageplan

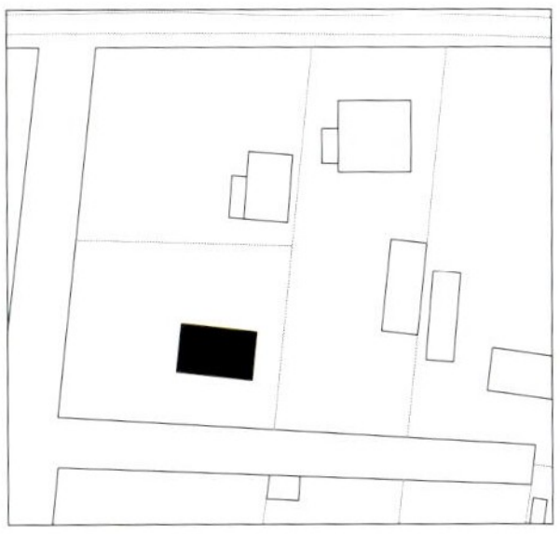

Grundstücksgröße: 660 m²
Wohn- und Nutzfläche: 82 m²
Anzahl der Bewohner: 1 – 6
Bauweise: Holztafelbau mit Lärchenholzschalung
Energiekonzept: Luftwärmepumpe, Specksteinofen als Zusatzheizung, Warmwasserbereitung elektrisch
Heizwärmebedarf: 50 kWh/m²a
Primärenergiebedarf: k. A.
Fertigstellung: 2008
Baukosten: 138.000 Euro

Klaus von Bock, Von Bock Architekten, Göppingen / Lebenszyklushaus in Worms

→ „Nach der Prämisse ‚Das Maß ist der Mensch' wurde dieses Modellvorhaben entworfen. Der zehn Reihenhäuser umfassende erste Bauabschnitt ist ein autofreies Quartier, das zu den umliegenden Straßen relativ geschlossen ist. In offenen Innenhöfen wird ein Naturraum anhand von Gartenflächen, begrünten Dächern und teilbegrünten Fassaden entwickelt. Eine besonders flexible Raumaufteilung und Möglichkeiten der Erweiterung durch die Nutzer lassen dieses Haus zum perfekten Partner in unterschiedlichen Lebenszyklen werden."

Wandlungsfähig

→ Architektur ist ein langsames Medium, und das Bedürfnis nach Verwurzelung ein starker Grund zu bauen. Nur: Die Architektur bleibt, das Leben ändert sich. Und bald ist das, was man in jungen Jahren baute, im Alter nicht mehr passend. Man startet in Zweisamkeit, bekommt Kinder, braucht vielleicht noch ein Arbeitszimmer, dann geht der Nachwuchs aus dem Haus – andere Wechselfälle des Lebens sind hier gar nicht berücksichtigt. Das Haus, als individuelle Maßarbeit geplant, wirkt plötzlich wie ein schlecht geschnittener Anzug.

→ Die gängige Alternative in solchen Situationen heißt Umzug. Wer das nicht will, braucht ein Haus, das die Lebenszyklen mitmacht. Wie die von Klaus von Bock entworfenen Reihenhäuser in Worms. Sie sind, wie es sich für Architektur gehört, statisch und dauerhaft, zugleich aber auf Veränderung angelegt. Sichtbarstes Zeichen dafür ist ein Anbau. Der kann an der Gartenseite an das Haus angekoppelt, die dafür nötige Türöffnung schon im Kerngebäude angelegt werden. Selbstverständlich folgt der Anbau derselben Designlinie wie das Haupthaus, der einheitliche Eindruck eines klassisch modernen Gebäudes bleibt erhalten. Zugleich aber funktioniert der Anbau auch separat, mit eigenem Eingang von der anderen Seite und eigener Hausnummer. Das ermöglicht eine Nutzung als Büro, Gästezimmer, Atelier oder einfach nur als Rückzugsraum.

→ Weniger sichtbar, aber ebenfalls sehr wichtig ist ein flexibler Grundriss. Beginnend mit einer offenen Loftstruktur werden die Räume im Lauf der Zeit durch den Einbau von Trennwänden oder raumtrennenden Möbeln vielfältig variabel genutzt. Kochen und Essen finden dabei im Erdgeschoss mit Gartenbezug statt. Durch die winkelförmige Grundanlage ergeben sich vielfältige diagonale Blickbeziehungen zwischen Räumen und Garten.

→ Die Qualitäten im Außenbereich liegen im Zusammenspiel der privaten, vor Einblicken geschützten Gärten und den halböffentlichen Wohnwegen innerhalb der Siedlung. Kinder können hier gefahrlos spielen. Durch einen intimen Garten, sagt Architekt Klaus von Bock, „entsteht das Lebensgefühl eines Einfamilienhauses", obwohl es sich hier um ein Reihenhaus handelt. Viel Sorgfalt verwandte der Architekt auf die Positionierung der Häuser in der Stadt. Nach außen hin zeigen sie eine klare, geschlossene Kante. Nach innen öffnen sie sich zu einer Gartenlandschaft, die durch den unterschiedlichen Zuschnitt der einzelnen Gebäu-

Das flexible Haus: Der hölzerne Anbau (oberes Bild) ist schon mitgeplant, muss aber nicht sofort gebaut werden. Auf diese Weise passt sich das Haus den Lebensumständen seiner Bewohner in einfacher Weise an. Der Träger über der Terrasse lässt sich ebenfalls für spätere Erweiterungen nutzen.

de durchaus abwechslungsreich wirkt. Durch die städtische Lage und die technische Anbindung an eine angrenzende Siedlung kann die Wärmeversorgung durch ein Blockheizkraftwerk erfolgen. Das wird mit Pflanzenöl, einem regenerativen Energieträger, betrieben. Spitzenlasten werden durch Gasthermen abgedeckt. „Ohne Anbau kann es für rund 165.000 Euro erstellt werden", so der Architekt weiter. Für das wegweisende Design der Lebenszyklushäuser in Worms erhielt der Architekt den Staatspreis für Architektur und Wohnungsbau in Rheinland-Pfalz.

Linke Seite oben: Geschickte Raumaufteilung im Erdgeschoss: Der offene Grundriss kann je nach Belieben, etwa durch Trennwände geändert und abgegrenzt werden.

Linke Seite unten: Das Schlafzimmer führt in einigen Häusern auf den Balkon, in anderen schließt es mit einer Fenstergalerie ab.

Die Wohnküche ist zum Esszimmer hin offen – von beiden Räumen aus gelangt man in den Garten.

Ein Fenster über Eck versorgt die Räumlichtkeiten im Obergeschoss mit viel Licht.

Die zur Straße geschlossene Fassade der Reihenhäuser schützt vor Lärm. Zum Garten hin öffnet sich das Haus. Die weiß verkleideten Träger deuten die Konstruktion und ihre vielfachen Erweiterungsmöglichkeiten an.

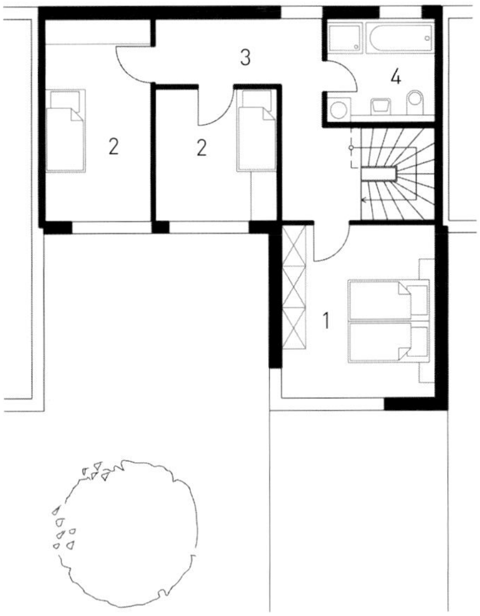

Obergeschoss M 1:200

1 Schlafen
2 Kind
3 Spielflur
4 Bad

Grundstücksgröße: 190 m²
Wohnfläche: 124 m²
ohne Anbau
Zusätzl. Nutzfläche: 57,90 m²
(zzgl. Carport/Garage
mit 20 m²)
Anzahl der Bewohner: 4 (+)
Bauweise: Massivbau mit
begrüntem Flachdach
Energiekonzept: Nahwärme-
versorgung, über BHKW mit
regenerativen Energiequellen
Heizwärmebedarf: k. A.
Primärenergiebedarf: k. A.
Fertigstellung: 2007
Baukosten: 165.000 Euro (ohne
Anbau)

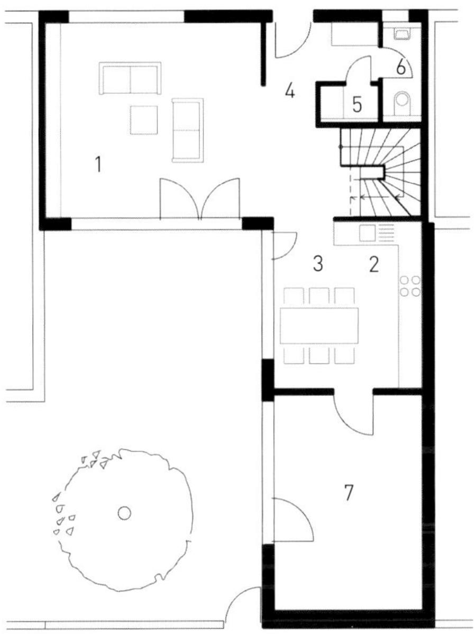

Erdgeschoss M 1:200

1 Wohnen
2 Kochen
3 Essen
4 Eingang/Garderobe
5 Abstellraum
6 WC
7 Aufenthaltsraum
(Erweiterung optional)

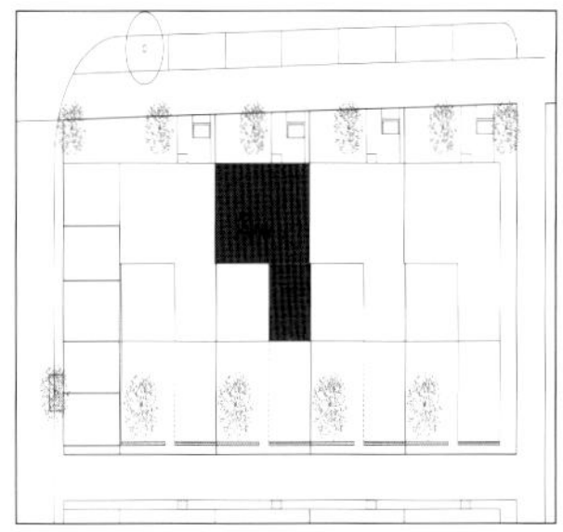

Lageplan

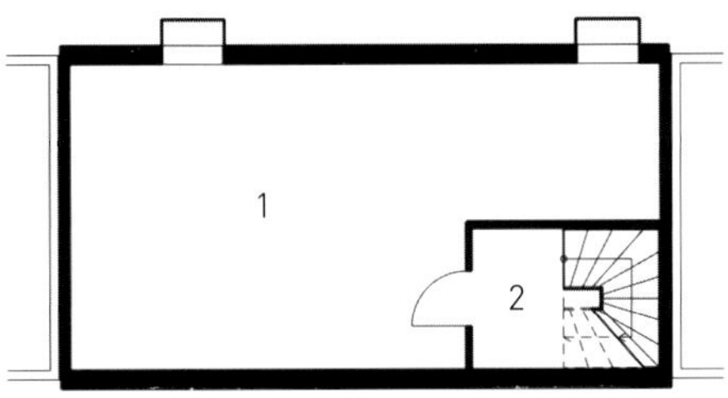

Untergeschoss M 1:200

1 Kellerraum
2 Vorraum

Schnitt ohne Maßstab

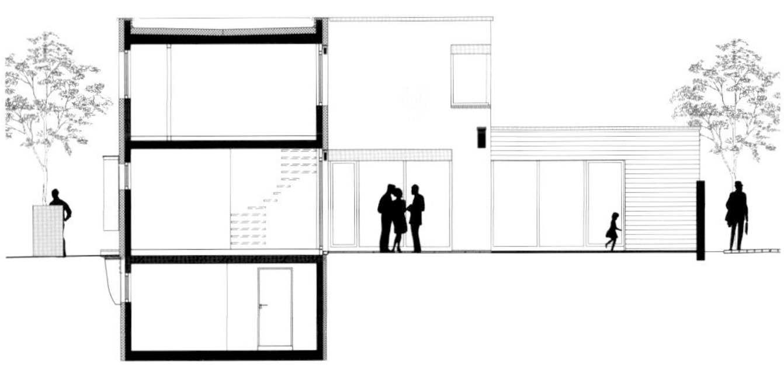

Maria Clarke, Roland Kuhn, **Clarke und Kuhn,** Berlin / Haus in Berlin-Schöneiche

→ Ein Haus aus dem Geiste der klassischen Moderne, bei dem sich die Kunst, aus wenig viel zu machen, in allen Details zeigt – von Festverglasung im Erdgeschoss bis zur platzsparenden Unterbringung der Haustechnik unter der Treppe.

Bis ins letzte Detail

→ Wie tief ein Architekt sich auf eine Aufgabe einlässt, zeigt sich an den Details. In dem Haus in einem Berliner Vorort wurden die Schränke im Obergeschoss aus den Zimmern verbannt und auf dem Flur geplant, um die Wohnräume von Stauraum zu entlasten – so weit, so gut, auf diese Ideen sind andere Architekten auch schon gekommen. Dass aber die neu angelegten Nischen sich an Pax, dem Schranksystem von Ikea, orientieren, zeugt von einem besonderen Blick für die Bedürfnisse des Bauherrn. „Es ist ein Low-Budget-Haus", sagt Architekt Roland Kuhn, „da wird es kaum einzeln gefertigte Möbel geben." Also setzte er aufs Machbare und legte die Architektur so an, dass auch preiswerte Schränke wie maßgeschneidert wirken.

→ Die Kunst, aus wenig viel zu machen, zieht sich durch das ganze Haus. Im Erdgeschoss dominieren günstige Festverglasungen, zur Terrasse hin lässt sich nur eine Tür öffnen. Von den übrigen Fenstern haben sieben im Obergeschoss das gleiche Format, was ebenfalls Kosten sparte. Im Bad sorgen preiswerte Mosaiken aus recyceltem Glas für Atmosphäre. Und die Haustechnik schließlich verschwand clever und platzsparend unter der Treppe. „Wenn Sie einen Installateur fragen, erzählt er ihnen, dass man dafür einen Raum von der Größe eines Gästezimmers braucht", sagt Roland Kuhn, „wenn man das aber von Anfang an mitplant, kann man solch ökonomische Lösungen finden." Unter der Treppe steht also nicht nur eine kühlschrankgroße Gastherme in Kombination mit Thermo-Solar-Energie, sondern befinden sich noch fünf weitere Geräte vom Wasserzähler bis zum Telefonanschluss.

→ Eine weitere Besonderheit des Hauses ist der Materialmix. Es war der Wunsch der Bauherrin, dass ein Teil des Baus aus Holz sein sollte. „Das hätten wir auf die Fassade kleben können", sagt Roland Kuhn, aber seine Berufsehre verlangte nach einer anderen Lösung. Also ist bei diesem Haus überall, wo Holz zu sehen ist, auch die Konstruktion aus diesem Material – Stützen aus Leimbindern tragen hier

Eine Besonderheit des Berliner Hauses ist die Kombination verschiedener Materialien. Dem Wunsch der Bauherrin, einen Teil in Holz auszuführen, wurde auch konstruktiv Rechnung getragen. Hinter der Holzfassade stecken Holzstützen, der Rest ist verputztes Ziegelmauerwerk. Im Erdgeschoss wurde überwiegend Festverglasung eingesetzt, was ebenso Kosten sparte wie die identischen Fensterformate im Obergeschoss.

Die Küche ist durch eine tragende Wand vom Essbereich getrennt, bleibt aber dennoch gut ans Haus angebunden. Von der Diele her betritt man sie durch einen schmalen Durchgang.

Das Kinderzimmer im Obergeschoss profitiert zusätzlich vom Lichteinfall durch das Flurfenster.

Der Materialkontrast der Fassade ist im Innern nicht ablesbar. Die Holzkonstruktion ist hier von Gipskartonplatten verdeckt.

die Geschossdecke. Das Dämmmaterial ist an diesen Stellen aus Zellulose, die aus Holz gewonnen wird. Konstruktiver Purismus herrscht auch bei den übrigen Wänden. Sie sind aus Poroton-Ziegeln aufgemauert, ohne zusätzliches Dämmsystem – eine ebenso werthaltige wie ökologisch korrekte Lösung. Dass ein kleines Budget nicht zu gestalterischer Armut führen muss, zeigt sogar noch der Zaun. Der stammt nicht, wie oft üblich, aus dem Baumarkt, er wurde vom Architekten extra entworfen, passend zum Stil des Hauses.

Das Bad wird mit einem wandfüllenden Spiegel optisch vergrößert.

Grundstücksgröße: 990 m²
Wohnfläche: 160 m²
Zusätzl. Nutzfläche: 7 m²
Anzahl der Bewohner: 3
Bauweise: teilweise Holzkonstruktion, Stützen aus Leimbindern, sonst Poroton-Ziegel
Energiekonzept: Gastherme, Kombination mit Thermo-Solar-Energie
Heizwärmebedarf: 40,82 kWh/m²a
Primärenergiebedarf: 57,04 kWh/m²a
Fertigstellung: 2008
Baukosten: 198.000 Euro

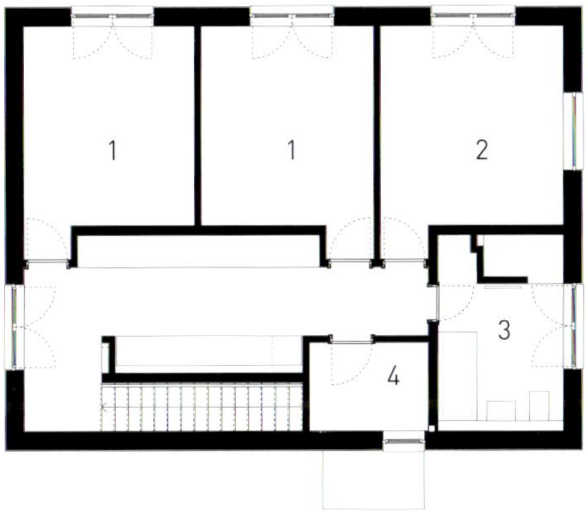

Obergeschoss M 1:200

1 Kind
2 Schlafen
3 Bad
4 Eingang/Flur

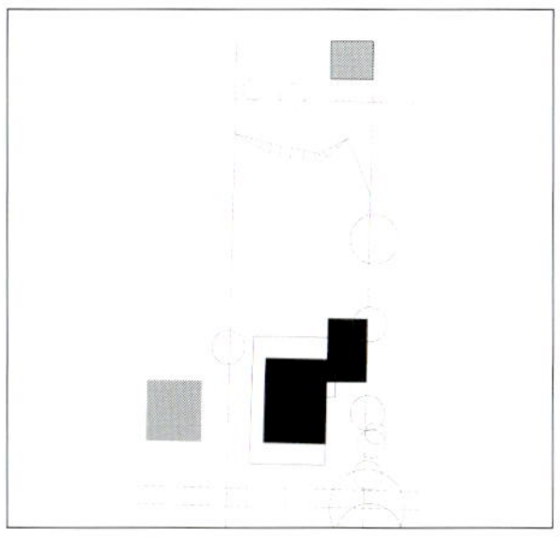

Lageplan

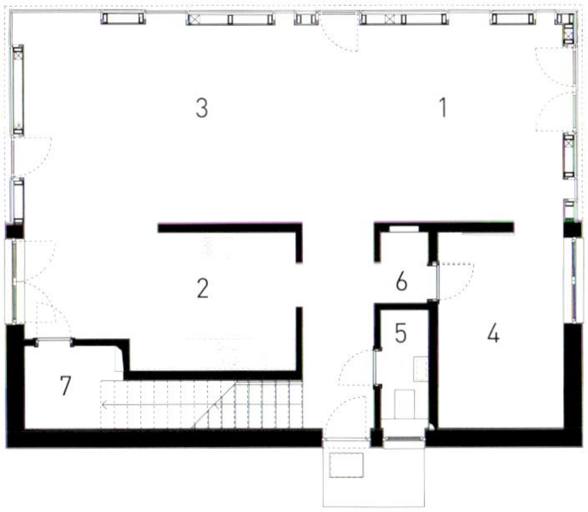

Erdgeschoss M 1:200

1 Wohnen
2 Kochen
3 Essen
4 Gast
5 WC
6 Carderobe
7 Hausanschluss

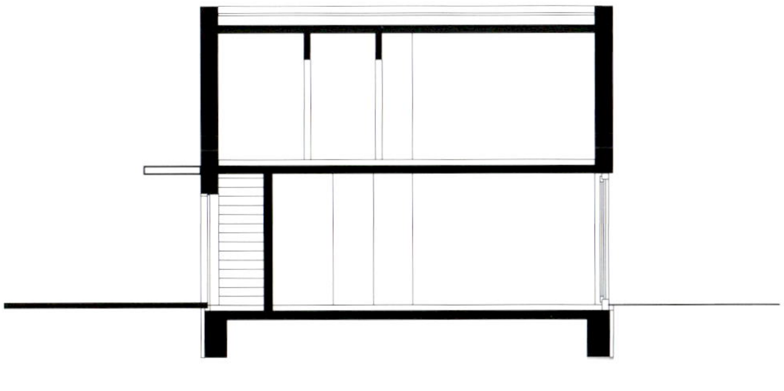

Schnitt M 1:200

Svenja Zink-Küsters, Hans-Wilhelm Küsters, **Zink-Küsters Architekten,**
Althütte/Waldenweiler / Low-Budget-Haus bei Schwäbisch Gmünd

→ „Das Haus wurde für eine vierköpfige Familie entwickelt und sollte zu einem möglichst minimalen Budget erstellt werden, ohne dabei auf Wohnqualität und Wertigkeit zu verzichten. Deshalb wurde ein klarer Kubus ohne Keller, dafür mit zwei zusätzlichen ebenerdigen Bauteilen entwickelt."

Klarer Kubus, minimales Budget

→ „Stringent", nennt Hans-Wilhelm Küsters das kleine Haus im Ostalbkreis. Und tatsächlich ist das klassisch moderne Haus in einem Neubaugebiet von glasklarer Rationalität. Am deutlichsten wird das im Obergeschoss, in dem vier gleich große Räume symmetrisch um einen Flur herum geordnet sind. Mehr Klarheit ist bei diesem Raumprogramm nicht machbar. Und auch im Erdgeschoss wirkt das Haus aufgeräumt. Nach Süden sind zwei Terrassen ausgerichtet, dahinter beansprucht ein großes Ess- und Wohnzimmer die ganze Breite des Hauses. Auf der Nordseite liegen dann die Nebenräume – Küche, Diele, Gäste-WC und Technikraum. Dazu kommt noch eine Speisekammer mit separatem Eingang von außen. Sie funktioniert wie eine Art Vorratsdiele mit Durchgang zur Küche, ein praktisches Element, das selten eingesetzt wird.

→ Der Hauch von Industriearchitektur, der das Haus umgibt, war den Bauherren durchaus willkommen, „da uns diese Ästhetik gefällt und sie preisgünstiges Bauen ermöglicht". Sichtbar gewerblich wirkt zum Beispiel die Dachdeckung aus Trapezblechen. „Das ist", sagt der Architekt, „viel günstiger als eine aus Beton." Und erklärt auch, dass über den Blechen selbstverständlich eine Dämmschicht liege. Zur Decke passen die beiden Oberlichter. Sie stammen ebenfalls aus dem gewerblichen Bereich, machen aber auch deutlich, dass hier nicht nur ummauerte Quadratmeter produziert wurden. Sie leiten Licht bis ins Erdgeschoss, das sich dafür an zwei Stellen bis ins Obergeschoss öffnet. So wird in dem klein dimensionierten Haus ein Gefühl von Großzügigkeit und Weite erzeugt.

→ Gespart wurde an anderer Stelle. Zum Beispiel beim Flur im Obergeschoss. „Im Grunde genommen ist er konstruiert wie eine Terrasse", erläutert der Architekt, „er besteht aus puren Holzbohlen." Folgerichtig gibt es weder Fußbodenheizung noch Trittschalldämmung. Das Material ist Douglasie, ein Holz, das weder harzt noch vergraut und auch für die paraventartige Abschirmung der Treppe verwendet wurde.

Überzeugende Schlichtheit: Zur Gartenseite zeigt dieses Einfamilienhaus eine klare, durch vier gleich große Fensterblöcke unterbrochene Fassade.

Von der Straßenseite ist der Eingangsbereich nicht einsehbar, er wird von dem Baldachin des Carports verdeckt.

Zwei dreigliedrige Fenster öffnen den lang gestreckten Wohn- und Essraum zum Garten hin. Dezent führt die Treppe an der Rückwand ins Obergeschoss.

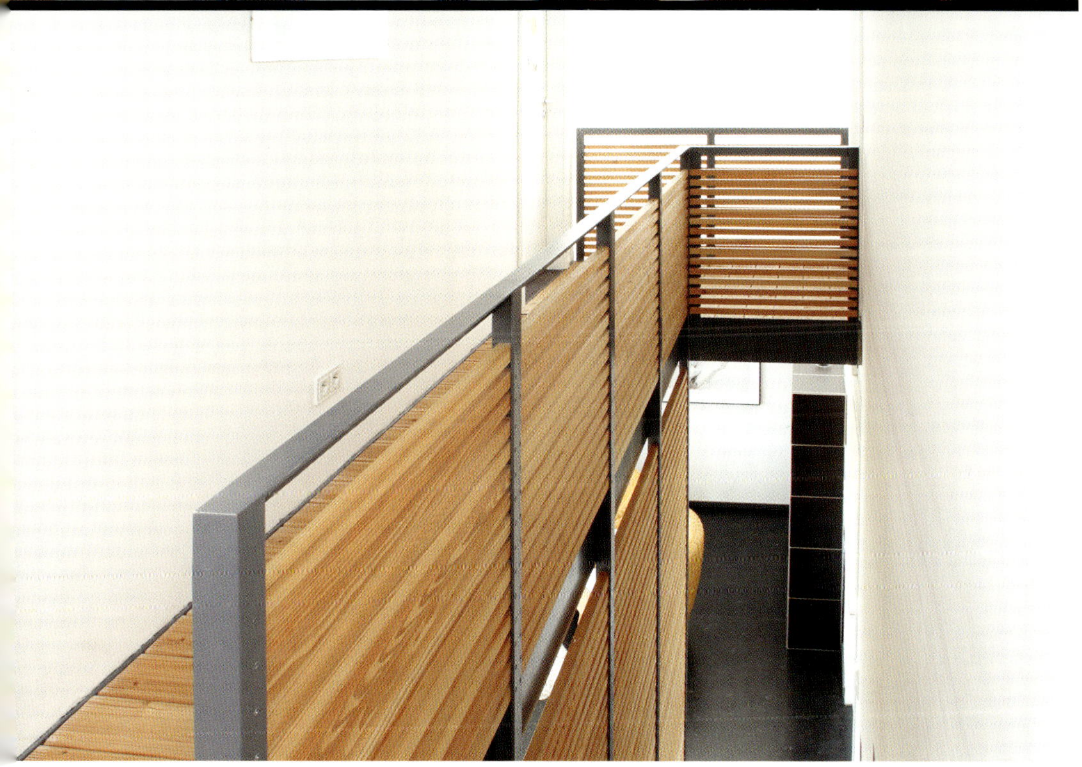

An den beiden Enden des Flurs im Obergeschoss und auch an dessen Seite hat man Sicht ins Erdgeschoss. Über Oberlichter fällt hier zugleich Licht ins Erdgeschoss.

Linke Seite: Ein Paravant aus Douglasienholz schirmt die Treppe ab und verdeckt zugleich den Stauraum darunter. Eine weitere Funktion: Die hölzernen Lamellen brechen den Schall und verbessern die Akustik.

Deren Holzlatten bieten Sichtschutz für den Stauraum unter den Stufen und brechen den Schall in dem großen Wohnzimmer mit seinem Linoleumboden.

→ Einen besonderen Akzent außen setzt der Carport, dessen Dach den Weg zum Eingang beschützt und sich über einem Abstellraum fortsetzt. Hier, an der Flanke des Hauses, formt das Dach auch einen Durchgang zum Garten. Die hölzerne Installation gibt dem sachlichen Gebäude einen interessanten wie praktischen Zusatznutzen, der das gesamte Grundstück auf angenehme Weise strukturiert. „Die Architekten", loben die Bauherren, „haben es geschafft, uns ein kleines und architektonisch wunderbares Haus zu einem sehr günstigen Preis zu bauen."

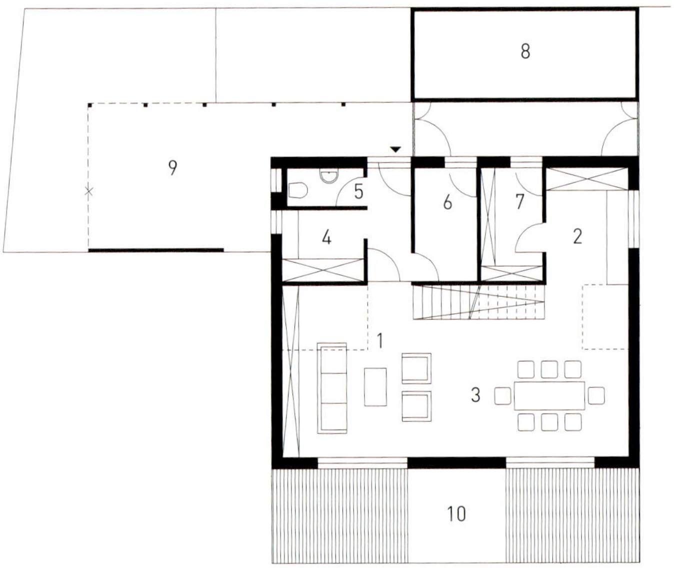

Erdgeschoss M 1:200

1 Wohnen
2 Kochen
3 Essen
4 Garderobe
5 WC
6 Technik
7 Speisekammer
8 Abstellraum
9 Carport
10 Terrasse

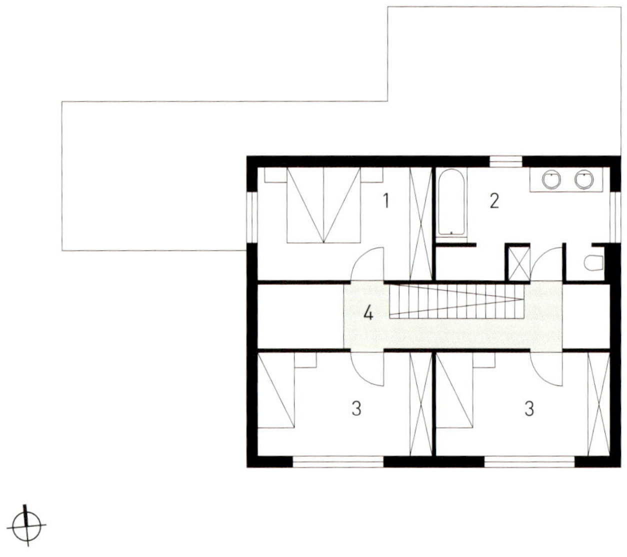

Obergeschoss M 1:200

1 Schlafen
2 Bad
3 Kind
4 Galerie/Flur

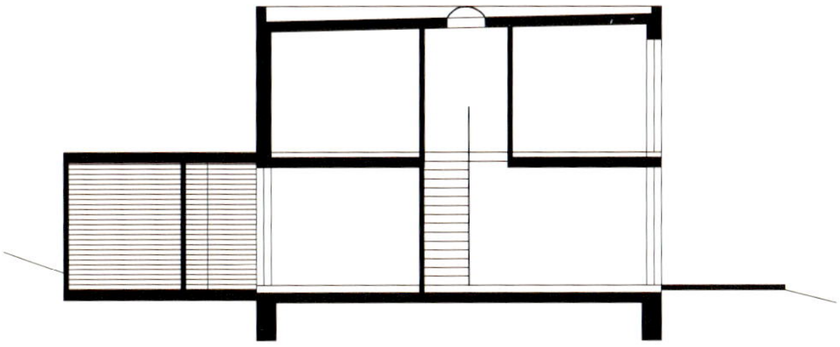

Schnitt M 1:200

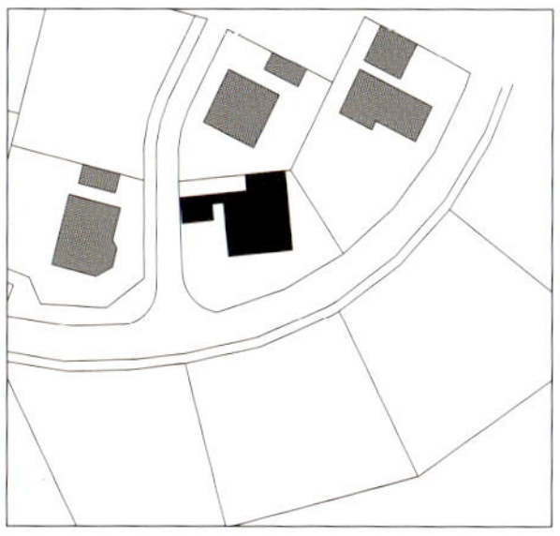

Lageplan

Linke Seite: Das Haus steht auf einem Eckgrundstück und setzt einen modernen Akzent in einem eher konventionellen Wohnumfeld. Die kubische Form ermöglicht zugleich zwei echte Vollgeschosse.

Der Carport verlängert sich in ein Vordach. Die Überdachung verbindet das Haus mit einem Abstellraum und schafft dazwischen einen charmanten Durchgang zum Garten.

Grundstücksgröße: 416 m²
Wohnfläche: 132 m²
Anzahl der Bewohner: 4
Bauweise: Mischkonstruktion; Massivbau und Stahlbau, Außenbauteile aus Holz
Energiekonzept: Gasbrennwerttherme
Heizwärmebedarf: k. A.
Primärenergiebedarf: 78 kWh/m²a
Fertigstellung: 2008
Baukosten: 176.000 Euro

Rafael Friedl, **Friedl und Partner Architekten,** Passau / Haus in Schardenberg

→ „Ein Wohnhaus in einer ländlichen Umgebung, als Kontrast zu der umliegenden Bebauung als kubischer Stahlbetonbau konzipiert."

Offen in alle Richtungen

→ Offen in alle Richtungen, so könnte man den Grundgedanken des Hauses im österreichischen Ort Schardenberg bezeichnen. Das im Stil der klassischen Moderne schlicht und kubisch gestaltete Haus hat gleich drei Terrassen, sodass seine Bewohnerinnen im Tagesverlauf der Sonne folgen können. Das Frühstück kann man im Osten, direkt vor der Küche einnehmen. Tagsüber wendet man sich nach Süden. Dort verbringt man die Zeit entweder exponiert auf einer brüstungslosen schmalen Terrasse. Oder, etwas intimer, in einem Patio. Abends schließlich blickt man nach Norden und sitzt dabei unter dem Haus, eine Situation, die durch die Hanglage ermöglicht wird. In diesem überdachten Außenraum, der zur Straße hin orientiert ist, stehen zwar auch die Autos. Dennoch verfügt er, wie Architekt Rafael Friedl betont, „über eine erstaunliche Aufenthaltsqualität. Das hat sich gut bewährt".

→ Den Hintergrund zum Draußen bildet selbstverständlich das Drinnen. Hier dominiert ein großzügiger Wohn-Ess-Kochraum. Doch dessen Betondecke und der karge Fußboden aus poliertem Estrich werfen Fragen nach der Akustik auf. Wird hier nicht kalter Hall die Wohnlichkeit vertreiben? „Nein", erläutert Rafael Friedl, „dafür haben wir an der Decke Schaumstoffelemente angebracht. Die bringen viel, wenn man sie an den richtigen Stellen montiert." Die grauen Platten werden normalerweise in Tonstudios eingesetzt und dämpfen sehr gut im Frequenzbereich von Sprache und Alltagsgeräuschen. „Ein Viererpack der Platten", sagt Friedl, „kostet rund 120 Euro."

→ Womit die Frage der Baukosten angesprochen ist. Das Haus, das von zwei Krankenschwestern bewohnt wird, ist ein Low-Budget-Haus. Teurer als normaler Standard waren daran nur zwei Dinge. Das eine sind die Fenster. „Die müssen satt und gut laufen", sagt der Architekt, „sonst hat man damit keine Freunde." Zumal ihr Anteil am Haus groß ist und die Wärmeverluste bei minderwertiger Ausführung erheblich wären. Also wurden hochwertige Modelle mit Rahmen aus Holz (innen) und Aluminium (außen) angeschafft. Das andere war die Heizung, auch wenn die montierte Erdwärmepumpe in Österreich sogar subventioniert wird. Das hier eingesetzte Modell arbeitet mit Flächenkollektoren,

Das Haus liegt am Hang und hat, dem Lauf der Sonne folgend, Außenräume in drei Richtungen, darunter eine große Balkonterrasse ohne Brüstung. Der Überstand wird als Carport genutzt.

Offen in alle Richtungen. Vor jedem der Fenster liegt ein Außenplatz.

Rohe Betondecken und polierter Estrichboden werfen die Frage nach der Akustik auf. Die preiswerte Antwort: An die Decke montierte Schaumstoffelemente, die sonst in Tonstudios eingesetzt werden.

die Sonden liegen im Garten über etwa zwei Drittel der Fläche verteilt. Gegenüber der ebenfalls möglichen Tiefenbohrung sind die Flächenkollektoren zwar die preiswertere Lösung, haben jedoch den Nachteil, dass die Gartengestaltung eingeschränkt ist: Bäume mit tieferem Wurzelwerk sind deshalb nicht überall möglich. Dafür aber kann man das Haus nach der Anfangsinvestition quasi umsonst heizen. Dazu gibt es in Österreich noch Stromtarife, in denen nur Energie aus Wasserkraft geliefert wird. Das Haus kann auf diese Weise komplett CO_2-neutral beheizt werden.

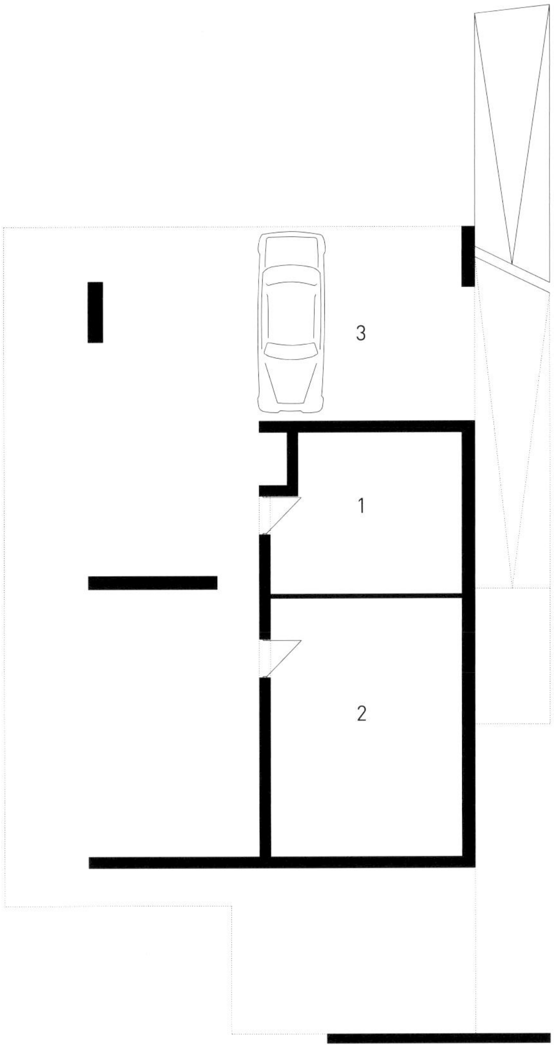

Untergeschoss M 1:200

1 Heizung
2 Abstellraum
3 Garage

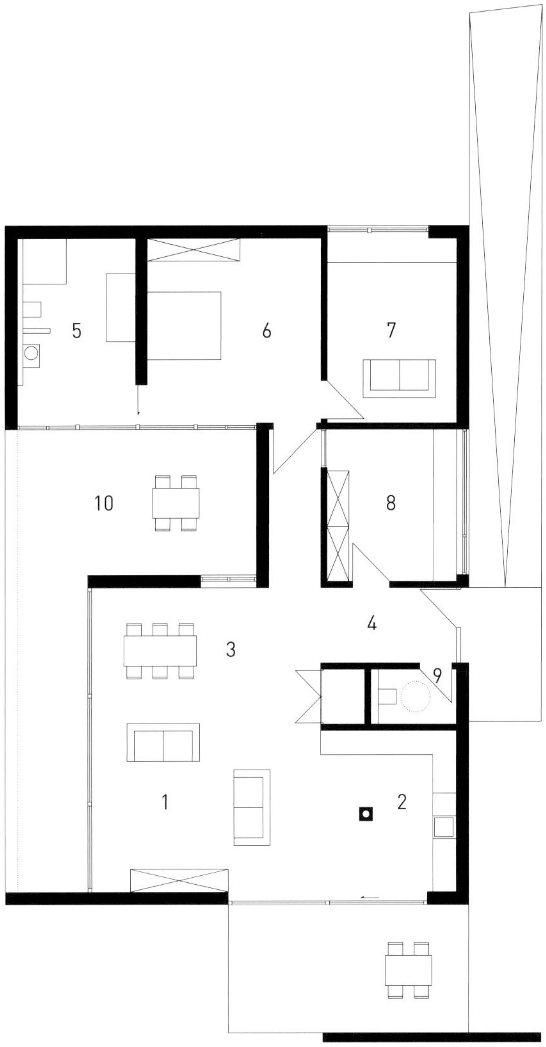

Erdgeschoss M 1:200

1 Wohnen
2 Kochen
3 Essen
4 Eingang/Flur
5 Bad
6 Schlafen
7 Fernsehen
8 Büro
9 WC
10 Terrasse

Schnitt ohne Maßstab

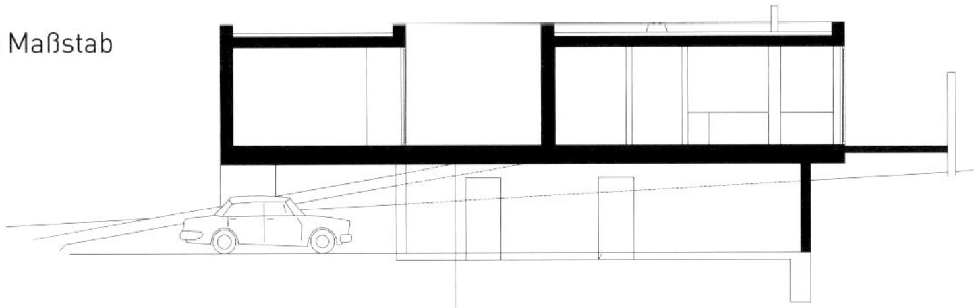

Lageplan

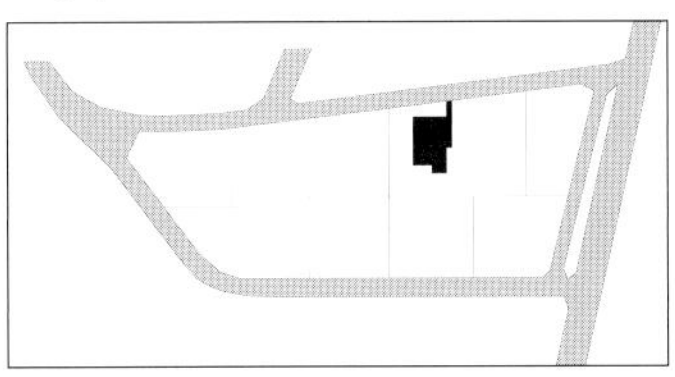

Grundstücksgröße: 860 m²
Wohnfläche: 160 m²
Zusätzl. Nutzfläche: 119 m²
Anzahl der Bewohner: 2
Bauweise: Stahlbeton
Energiekonzept: Erdwärmepumpe mit Flächenkollektoren
Heizwärmebedarf: 95 kWh/m²a
Primärenergiebedarf: 85 kWh/m²a
Fertigstellung: 2008
Baukosten: 172.000 Euro

Gerhard Fischill, Linz / Haus in Feldkirchen/Donau

→ Dieses Haus ist ein sogenanntes Auszugshaus – ein Haus, das einer älteren Dame in unmittelbarer Nähe zu ihren Kindern genügend Raum für sich selbst bietet. Das Haus, so der Architekt, „soll Raum lassen, das ist doch der größte Luxus, den man haben kann".

Familienaufstellung

→ Geradezu hermetisch wirkt das Haus im oberösterreichischen Feldkirchen, jedenfalls auf den ersten Blick. Wer sich ihm über die Auffahrt nähert, der sieht rechts eine Garage, daneben eine Tür und weiter links einen fensterlos mit Lärchenholz verkleideten Vorsprung: Ein Willkommensgruß sieht anders aus, das Haus reckt dem Besucher ostentativ seine Kehrseite entgegen.

→ Was so eine Rückseite hat, muss eine offene Vorderfront haben. Hier zeigt sich das Haus großflächig verglast. Die Bewohnerin, eine über siebzigjährige Dame, hat von hier aus das Nachbarhaus im Blick. Dort wohnt ihre Tochter mit Ehemann, und dort wohnte auch sie selber noch bis vor Kurzem. Nach drei Jahren aber in der dortigen Einliegerwohnung wollte sie ein eigenes Haus. Und das sollte, nachdem das Nachbargrundstück frei geworden war, der gleiche Architekt bauen wie der, der das Haus von Tochter und Schwiegersohn errichtet hatte: Gerhard Fischill aus dem nahe gelegenen Linz. „Auszugshaus" nennt er den Bautypus, mit dem er es nun zu tun hatte, ein Begriff aus dem ländlichen Raum, wo der Altbauer irgendwann den Hof seinen Nachkommen überlässt und in ein kleineres Auszugshaus umsiedelt.

→ Fischill wählte für die neue Aufgabe eine Konstruktion, die mit dem Materialkontrast zwischen Beton und Holz arbeitet. Verbunden mit der Garage ragt das aufgeständerte Betondach wie ein überdimensionaler Tisch über das Erdgeschoss aus. Darunter sind die Wohnräume als ein hölzerner Körper geschoben. „Die Garage ist aus Brandschutzgründen in Beton gefertigt", sagt Fischill. „Es hat Sinn gemacht, das massive Dach von dort weiterzuziehen. Darunter ist das Holzhaus atmosphärisch wärmer."

→ Ausgehend von dem Materialkontrast balancierte der Architekt auf dem gemeinsamen Grundstück die familiären Verhältnisse von Nähe und Distanz geschickt aus. Das Haus der Mutter ist zur Tochter hin ausgerichtet und ein Weg verbindet beide. Zugleich aber bietet das mütterliche Haus einen Rückzugsraum. Seine Fensterfront wird verdeckt von einer Mauer, die zuvor die Grundstücksgrenze markiert hatte. Auf diese Weise schaut die Bauherrin auf einen beidseitig offenen Innenhof mit Brunnentrog. Nur seitlich ist das Haus der jüngeren Generation im Blickfeld.

→ Der verschlossene Baukörper, der den ersten Eindruck prägt, enthält Bad und WC. Nur mit einem, dem Eingang ab-

Verschlossen zur der Straße und gegenüber den Nachbarn, offen zum Haus der Tochter hin, diese Gegensätze werden auch mit den Materialien ausgedrückt.

Insgesamt acht Betonstützen tragen das über dem Holzkorpus liegende Betondach. Der Wasserablauf vom Flachdach wird kunstvoll inszeniert und endet in einem Wassertrog.

Das Innere des Hauses besteht vor allem aus einem großen Raum. Die Wände werden durch Schränke ersetzt. Die Küchenschränke sind damit auch die Abgrenzung zum Schlafraum, dessen Zugang, rechts im Bild, mit einer Schiebetür abgesperrt werden kann. Ein ungewöhnliches Motiv ist die Betonstütze, die eine Bank durchdringt.

gewandten Schlitzfenster öffnet er sich nach außen, verwendet aber ein charmantes Motiv in Richtung Wohnzimmer: ein Innenfenster, das mit einem Rollo verschlossen werden kann.

→ Abgesehen vom Badbereich besteht das Haus nur aus einem einzigen Raum. Die Wände hier sind nicht Architektur, sondern Tischlerarbeit. Ein Küchenschrank trennt das Schlafzimmer vom Hauptraum ab, eine Bank markiert die Grenze vom Küchentresen zum Raum, ein Abstell- und Hauswirtschaftsraum ist wiederum durch Schränke abgeteilt. Auf diese Weise gibt es genügend Abstell- und ausreichend Arbeitsflächen in der Küche. „In den Schränken", erläutert Gerhard Fischill, „steckt ein enormer Aufwand, der aber nicht sofort zu entdecken ist." Das Haus, obwohl mit 91 Quadratmetern kein Riese, wirkt deshalb großzügig. „Es soll Raum lassen", sagt Gerhard Fischill. „Raum ist doch der größte Luxus, den man haben kann."

Der Küchentresen wird von einer fest installierten Bank auf der Gegenseite abgeschirmt. Die weiße Schrankwand im Hintergrund birgt aufgeschoben die Küchenarbeitsfläche.

Der holzverkleidete Vorsprung neben dem Eingang enthält Bad und WC. Deren Außenfenster liegen an der dem Eingang abgewandten Hausseite.

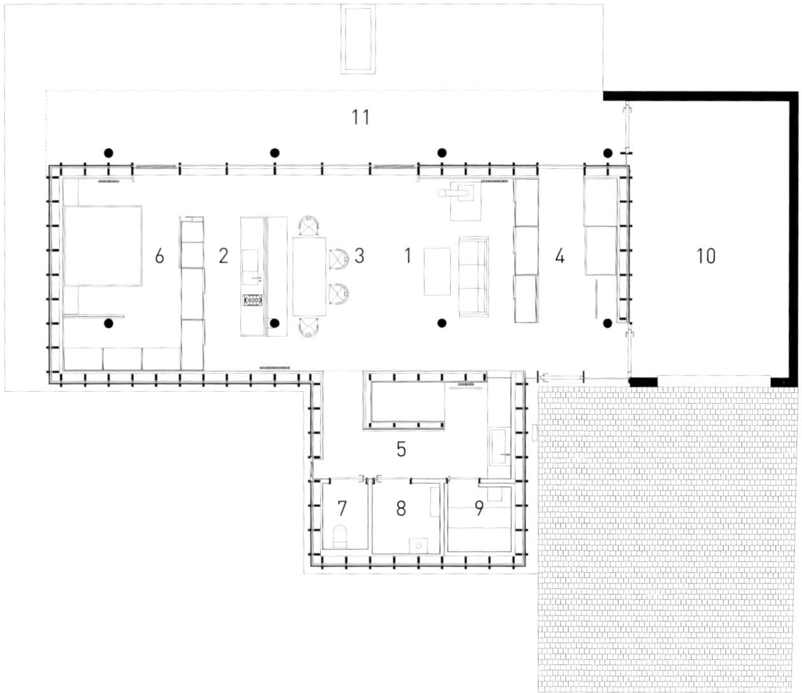

Erdgeschoss M 1:200

1 Wohnen
2 Kochen
3 Essen
4 Eingang
5 Bad
6 Schlafen
7 WC
8 Technik
9 Sauna
10 Garage

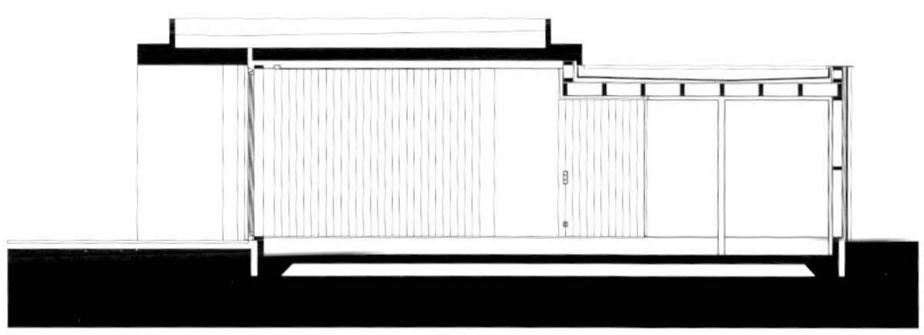

Schnitt ohnc Maßstab

Lageplan

Grundstücksgröße: 825 m²
Wohnfläche 91 m²
Zusätzliche Nutzfläche: 30 m² (Garage)
Anzahl der Bewohner: 1
Bauweise: Holzbau unter aufgeständertem Betondach
Energiekonzept: Niedrigenergiehaus
Heizwärmebedarf: 60 kWh/m²a
Primärenergiebedarf: k. A.
Fertigstellung: 2006
Baukosten: 198.000 Euro

Robert Pfurtscheller, **Madritsch Pfurtscheller,** Innsbruck / Energiesparhaus in Innsbruck

→ „Der rigide Wunsch des Bauherrn nach zirka 1.000 Euro pro Quadratmeter Nutzfläche bestimmte vieles an diesem Entwurf: kein Keller, keine große Erdbewegung, keine aufwändige Konstruktion und große Kompaktheit waren vorrangig."

Hier, um zu bleiben

→ Ein dunkler, eher abweisender Kasten ist der erste Eindruck, den man von diesem Haus gewinnt. Das gesamte Gebäude ist mit OSB-Platten, einem Standardmaterial des Holzbaus, verkleidet und dann dunkel gestrichen worden. Einen optischen Kontrast darin bieten lediglich die hölzernen Fensterrahmen und eine kräftige Dachkante. Den Betrachter irritiert zunächst, dass das Gebäude auf kleinen Metallstützen in einem Kiesbett steht. Es wirkt dadurch wie ein Provisorium, das bei nächster Gelegenheit wieder abgeholt wird.

→ Doch dazu wird es nicht kommen. Das Haus ist gemacht, um zu bleiben. Es ist intelligent durchgeplant, hat hohe Aufenthaltsqualität und eine überraschende Raumaufteilung.

→ Bewohnt wird es von einem Vater und seiner Tochter, die abwechselnd bei der Mutter und bei ihm lebt. Drei Räume waren verlangt. Das Paradestück darunter ist der große Wohn-Ess-Kochraum. Haushoch ist dieses Zimmer, haushoch ist auch sein Fenster nach Süden. Das Abweisende und Künstliche der Fassade wird hier durch ein Übermaß an Raum und Natur konterkariert. Licht und Weite bestimmen diesen Raum. Seine Wände und Decken sind mit Fichtenlatten ausgekleidet, der Boden besteht aus gekalktem Lärchenholzparkett.

→ Überall im Haus riecht es nach Holz. „Auf Lacke haben wir hier komplett verzichtet", sagt Robert Pfurtscheller, „die Rückwand der Küchenzeile besteht aus durchgefärbten MDF-Platten, die nur geölt wurden." Jene schwarze Wand springt in mehreren Stufen hinauf zu einer schmalen Galerie, die zu den Schlafzimmern führt.

→ Besonders das zweite besticht mit einem originellen Konzept. Seine Westwand ist komplett verglast. Dieses Schaufenster zeigt jedoch nicht direkt nach draußen, sondern auf den Eingangsflur, der ebenfalls die volle Haushöhe einnimmt. Hier bekommt es Licht vom Wohnzimmer und einem weiteren Fenster auf der Fassadenseite des Flurs. Unter den Schlafzimmern liegen Bad und Abstellkammer.

→ Ein eigener Heizungsraum war nicht notwendig, da das Haus ans Fernwärmenetz angeschlossen ist. Die Übergabestation liegt in einem Schacht unter dem Haus. Die Dämmung der Wände macht es zu einem Energiesparhaus. Nach

Das haushohe Fenster belichtet einen ebenso hohen Raum. Die nach Süden ausgerichtete Fassade soll noch mit einem Vorhang am Dachüberstand abgeschattet werden.

Die Gebäudeform passt sich dem Geländeverlauf an. Das Haus steht auf Metallstützen in einem Kiesbett und wirkt dadurch provisorisch.

Süden schirmt ein Dachvorsprung das Wohnzimmer vor zu viel Sonnenlicht ab. Ein großer Außenvorhang aus Segeltuch soll später als Sicht- und Sonnenschutz ergänzt werden. Der günstige Preis des Hauses entstand durch Verzicht auf einen Keller, durch eine einfache Konstruktion und schlichte Materialien. Es sei ein Beispiel dafür, lobte die Jury des BTV Bauherrenpreises in Tirol, dass eine „erfolgreiche Zusammenarbeit von Bauherren und Architekt nicht abhängig ist von einem großen Budget, sondern von üppigen Ideen und der Bereitschaft, mitunter aus der Not eine Tugend zu machen". Zusätzlich erhielt das Haus den Holzbaupreis Tirol 2007.

Die Gebäudehülle besteht aus schwarz gestrichenen OSB-Platten. Dass sich hinter der eher abweisenden Fassade ein Raum von hoher Aufenthaltsqualität versteckt, ist zunächst nicht ablesbar.

Rechte Seite oben: Das nach Süden ausgerichtete Wohnzimmer mit Essplatz und Küche ist der dominierende Raum. Eine Treppe führt hinauf zu den beiden Schlafzimmern. Das rechte von ihnen wird über eine große Glasscheibe über den Flur hinweg belichtet.

Rechte Seite Mitte: Wohnliche Atmosphäre entsteht durch die Verkleidung aus Fichtenholz. Dazu kontrastiert das Material der Galerie: durchgefärbte MDF-Platten.

Rechte Seite unten: Der Raum ist haushoch und wird über ein großes Fenster belichtet. Dadurch entsteht in dem relativ kleinen Haus ein Eindruck von Großzügigkeit und Weite.

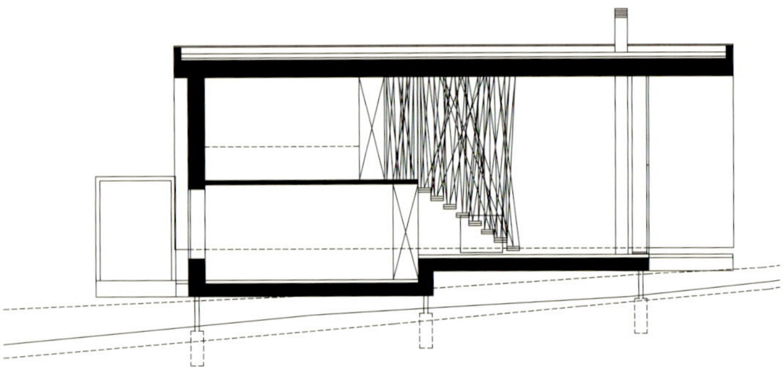

Schnitt M 1:200

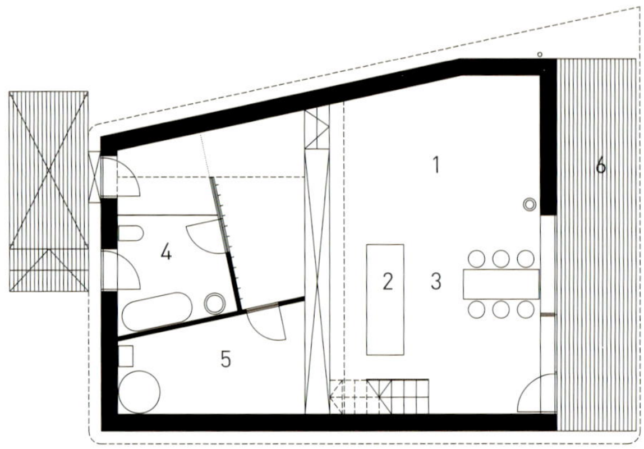

Erdgeschoss M 1:200

1 Wohnen
2 Kochen
3 Essen
4 Bad
5 Abstellraum/Technik
6 Loggia

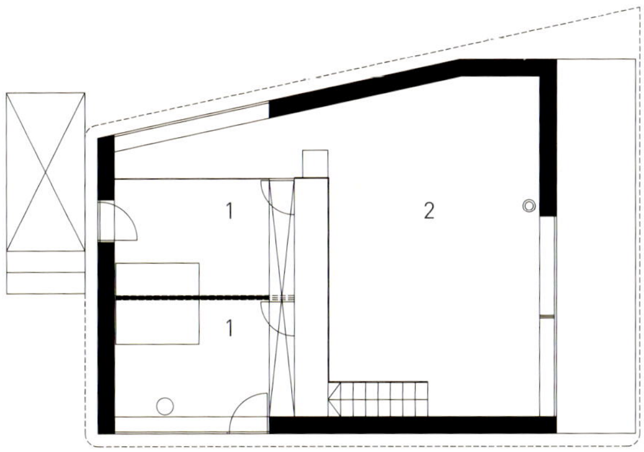

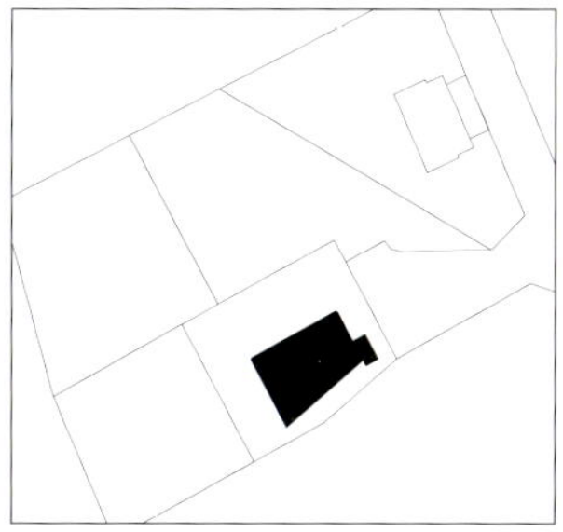

Lageplan

Obergeschoss M 1:200

1 Zimmer
2 Luftraum

Grundstücksgröße: 463 m²
Wohnfläche: 104 m²
Zusätzl. Nutzfläche: keine
Anzahl der Bewohner: 2
Bauweise: Baukörper Holzrahmenbau aufgeständert, außen OSB-Verkleidung schwarz gestrichen / Innenauskleidung aus Fichtenlatten
Energiekonzept: Energiesparhaus, Anschluss ans Fernwärmenetz
Heizwärmebedarf: 51 kWh/m²a
Primärenergiebedarf: k. A.
Fertigstellung: 2007
Baukosten: 171.000 Euro

Architektonische Raffinesse auf kleinstem Raum: Das Schlafzimmer ist seitlich voll verglast. Es erhält sein Licht über den Eingangsflur hinweg.

Im Flur deutet sich bereits die trichterförmige Ausrichtung des Hauses nach Süden an. Im Obergeschoss ist die Scheibe des Schlafzimmers sichtbar.

Atelier Oliver Seindl, Graz / Haus in Mörbisch am See

→ „Stimmig ist das Gebäude in seine schilfreiche Umgebung auf ein hölzernes Podest gesetzt. Äußerlich dominieren das dezente Grau sowie die klare Fassadengliederung den Bau. Das graue Satteldach fungiert als Kaltdach mit zwei Eulenlöchern, die als Okuli einen besonderen ästhetischen Reiz darstellen. Die Blickausrichtung zum See wird durch die großen Fenster sowie drei Fenstertüren verdeutlicht."

Aufregend unaufgeregt

→ Als „aufregend unaufgeregt" beschreibt Architekt Oliver Seindl das Haus im österreichischen Burgenland, unweit der ungarischen Grenze. Und tatsächlich kommt das Langhaus direkt am Schilfgürtel des Neusiedler Sees außerordentlich diskret daher. Mit grau gedecktem Satteldach, grau verputzter Fassade und grauen Verblendungen wirkt es fast monochrom. „Zurückhaltendes Bauen ist wichtiger als schrille Schreie auszustoßen", bemerkt Oliver Seindl dazu selbstbewusst, „Das Haus wird noch in hundert Jahren seine Qualität haben." Dafür spricht, dass es typologisch in die Region passt. Ähnliche Häuser sieht man rund um den Neusiedler See häufig. Das Haus Berger steht sogar auf ehemaligem Seeboden. Dessen Niveau nämlich ist im 17. Jahrhundert abgesenkt worden, um Land zu gewinnen. Auf dem schlickigen Untergrund steht nun das Haus, aufgeständert auf einem Fundament aus Betonsteinen.

→ Es ist aus massiven KLH-Platten konstruiert, denn Kreuzlagenholz ist formstabil und behält dabei alle Eigenschaften des natürlichen Baustoffs Holz. Innen ist das Haus mit Gipskartonplatten verkleidet. Außen ist Vollwärmeschutz aufgebracht, aber keine Dampfbremse. Dadurch gibt es genügend Luftaustausch zwischen außen und innen, weshalb auch die Fenster aus Kunststoff sein können.

→ Den Grundriss beschreibt der Architekt als „leistungsstark". Es gibt nur geringen Wohnflächenverlust durch Verkehrsflächen. Alle Versorgungsleitungen und alle Funktionsräume wie Küche, Bad, Toilette sowie ein kleiner Flur mit Einbauschränken sind auf der Nordwestseite untergebracht. Die Zimmer blicken nach Südosten. Sie sind über Fenstertüren auf den See orientiert und über eine hölzerne Terrasse auf der Außenseite miteinander verbunden. An der Südostecke weitet sich die Terrasse zu einer großzügigen Außenfläche und betont noch einmal die Ausrichtung auf den See. An dieser Ecke liegt auch das Wohn- und Esszimmer mit seinen zwei Panoramafenstern. Eine Besonderheit des Hauses ist das sogenannte Kaltdach. Der Raum unter dem Dachstuhl ist leer und vom Haus abgetrennt. Er muss nicht mit beheizt werden und wird über zwei Okuli am Dachfirst belüftet.

Die Architektur orientiert sich an lokaler Bautradition rund um den Neusiedler See. Die Lebensräume sind zum Wasser hin orientiert, angezeigt durch die Fenster. Die Rückseite des Hauses wirkt entsprechend verschlossen. Hier liegen Flur und Funktionsräume.

Linke Seite: Direkt hinter der Eingangstür weitet sich der Raum zum Wohnzimmer hin. Das gelbe Linoleum der Fußböden verbreitet sonnige Stimmung. Das andere Gestaltungselement ist die durchgehende Holzdecke.

Im Flur sind die Schranknischen je einem Zimmer zugeordnet. Dadurch bleibt der Raum trotz seiner relativen Enge klar und unverstellt.

Das Gelb des Bodens wird in der Küche von einem Spritzschutz hinter der Spüle aufgegriffen.

Badezimmerfenster und Eulenloch strukturieren die schlichte Ostfassade.

Das Haus steht auf einem hölzernen Podest, das sich zu einer Terrasse an der Südwestseite weitet.

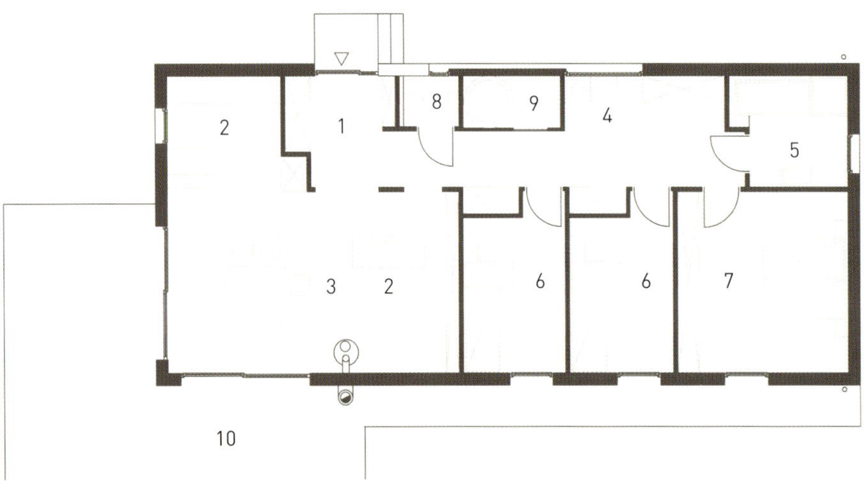

Erdgeschoss M 1:200

1 Eingang/Flur
2 Kochen
3 Essen
4 Flur
5 Bad
6 Kind
7 Schlafen
8 WC
9 Technik
10 Terrasse

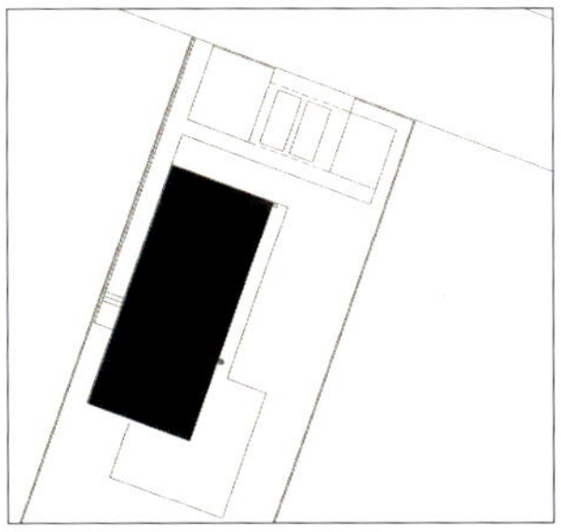

Lageplan

Grundstücksgröße: 950 m^2
Wohnfläche: 104 m^2
Zusätzl. Nutzfläche: ca. 66 m^2
Anzahl der Bewohner: 4
Bauweise: Konstruktion aus massiven KLH-Platten, Innenausbau mit Gipskartonplatten, Kaltdach
Energiekonzept: 500-l-Pufferspeicher, Heizkörper mit Verbindung zum Pellets-Ofen mit Wassertasche
Heizwärmebedarf: ca. 39 kWh/m^2a
Primärenergiebedarf: k. A.
Fertigstellung: 2007
Baukosten: 165.000 Euro

Ursina Thaler-Brunner und Norbert Thaler, **Thaler Thaler Architekten,** Wien /
Anbau in Wien

→ Vier Kinder und ein Elternpaar bewohnten einen Altbau in Wien. Während in solchen Fällen meistens für die Kinder angebaut wird, wurde hier ein ganz neuer Raumtypus erfunden: das Elternzimmer. Untergebracht in einem facettierten Volumen mit Lärchenholzfassade.

Kontrastreich

→ Zwei Dinge fallen auf, wenn man das Haus in Wien betrachtet. Alt- und Neubau stehen in starkem Materialkontrast zueinander: grauer Putz hier, Lärchenholz dort. Und dann die seltsamen Verschneidungen. Schräg und spitzwinklig ragt der Neubau neben dem eher ruhigen Mutterhaus aus den Fünfzigerjahren.

→ Betrachtet man Bilder vom Zustand vorher, wird deutlich: Hier herrschte ein starker Wille zu gegenwärtiger Formensprache. Der Teil des alten Hauses, der für den Anbau weichen musste, wirkte farblos, irgendwie aus der Zeit gefallen. Der Neubau dagegen entspricht ganz dem Hier und Heute.

→ Eine Familie mit vier Kindern bewohnt das Haus Ritter. Die Eltern wollten sich mit dem Anbau einen eigenen Rückzugsraum schaffen, ein Elternzimmer, separat vom Haus. Das liegt jetzt im Obergeschoss und ist mit dem Haupthaus über eine Brücke verbunden. Unten entstand ein Wohnzimmer von 45 Quadratmetern, mit Kamin und einer ihm zugeordneten Sitznische.

→ Der Anbau ist aber nicht nur eine Addition, er hat das Haus insgesamt verändert. Das geschieht vor allem über den Zwischenraum, der wie eine Art Glaskasten wirkt. Von hier aus dringt über zwei Türen und ein Fenster Licht in den Altbau und wertet vor allem die zuvor dunkle Wohnküche auf. Licht fällt auch in den Neubau. Das Elternzimmer ist zum Altbau hin deckenhoch verglast. Dessen Außenwand wird von hier aus betrachtet zu einer Innenfassade. Auf diese Weise erweist sich der Anbau als ein komplexes kleines Kunststück, bei dem am Ende sogar seine prismatische Verzerrung einen Sinn erhält. Darin wird die Typologie des Altbaus aufgenommen und durch Drehung und Verschiebung der Winkel in die Moderne hinein verwandelt. Der Anbau wurde in kurzer Zeit in Holzfertigteilbauweise errichtet. Er entspricht dem Niedrigenergiestandard und ist mit seinen Materialien von unbehandelter Lärche bis zu geöltem Stahl ökologisch weitgehend unbedenklich. Bei seiner Planung wurde zudem besonderer Wert auf den Erhalt einer großen und zusammenhängenden Gartenfläche gelegt.

Von vorn betrachtet ist der Anbau als solcher nicht erkennbar. Er verdeckt den Altbau, den er um zwei große Zimmer erweitert.

Der Kontrast zwischen den beiden Gebäudeteilen wird erst von der Seite deutlich: Holz und Putz, kubische und facettierte Formen bilden starke Gegensatzpaare. Der Haupteingang liegt in der Lücke dazwischen.

Mit einem Schritt ist man aus dem Kaminzimmer auf der Terrasse. Im Obergeschoss orientiert sich das Elternzimmer zu den Seiten.

Rechte Seite oben: Raffinierte Lichtführung von zwei Seiten. Der Lichtschlitz verengt sich dabei. Dadurch wird die verzerrte Anlage des Anbaus auch im Innern sichtbar gemacht.

Rechte Seite unten: Die Formensprache wird auch in dem kleinen Fenster sowie in der Positionierung des Kamins aufgenommen. Neben dem Feuer, gegenüber den eingebauten Regalen, befindet sich eine Sitznische.

Zwischen Alt- und Neubau wurde eine verglaste Lücke gesetzt. Die sorgt dafür, dass der Altbau trotz der Addition noch genügend Licht erhält. Insbesondere die Wohnküche dort wird dadurch aufgewertet.

Der Neubau wurde so gesetzt, dass er einen starken Bezug zur neu angelegten Terrasse und darüber hinaus zum Garten hat.

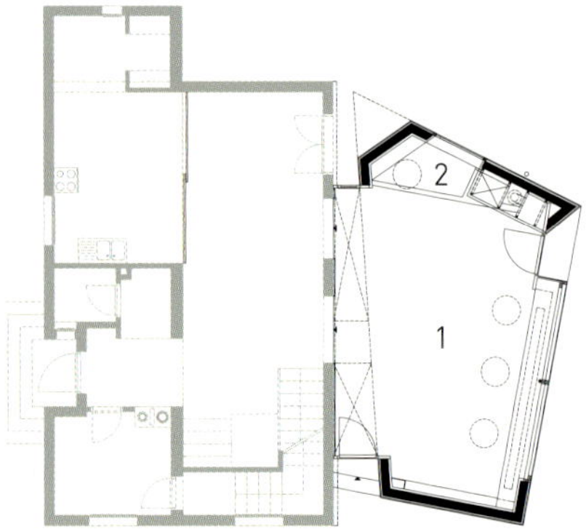

Erdgeschoss M 1:200

1 Wohnküche
2 Kaminecke

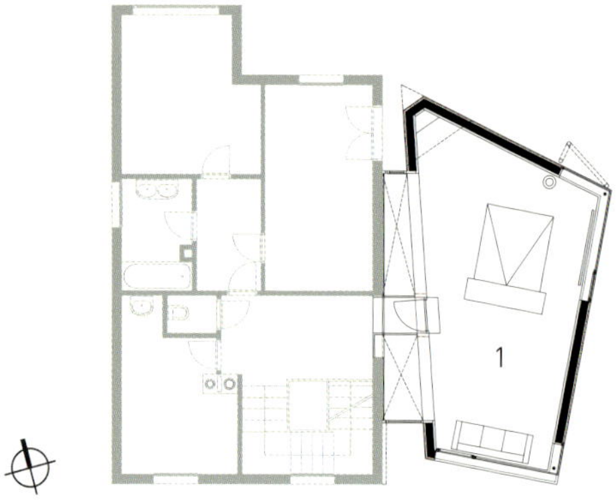

Obergeschoss M 1:200

1 Schlafen

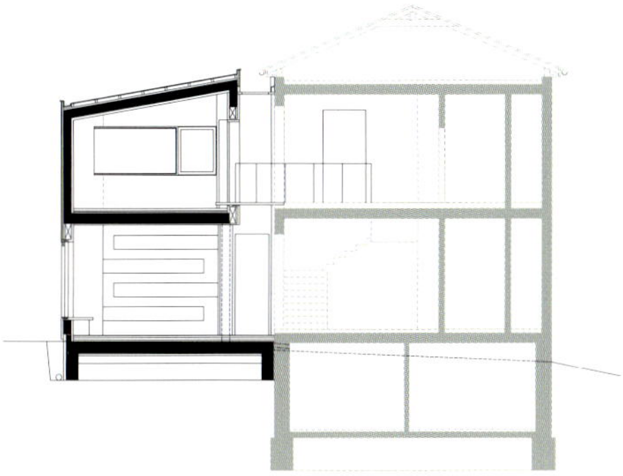

Schnitt M 1:200

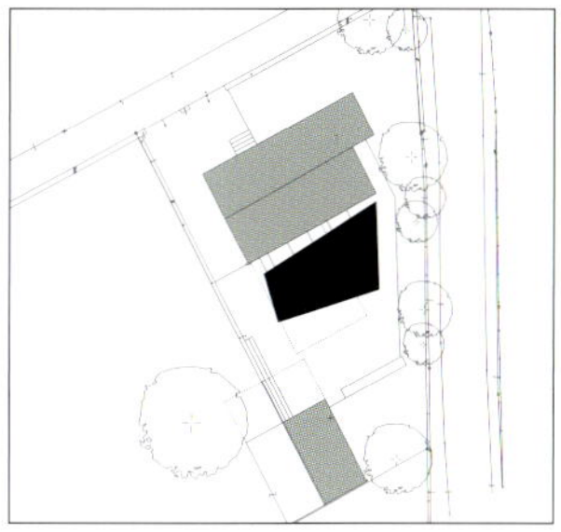

Lageplan

Grundstücksgröße: 473 m²
Wohnfläche: 75 m²
Zusätzl. Nutzfläche: keine
Anzahl der Bewohner: 6
Bauweise An/Umbau:
Holzfertigteilbauweise
mit Lärchenholzfassade
Energiekonzept:
Niedrigenergiestandard
Heizwärmebedarf: k. A.
Primärenergiebedarf: k. A.
Fertigstellung: 2006
Baukosten: 165.000 Euro

Linke Seite: Das Elternschlafzimmer im Obergeschoss ist zur Altbauwand hin verglast. So kann Licht durch den Zwischenraum einfallen.

Die Verbindung zwischen den beiden Gebäudeteilen geschieht hier durch eine kleine hölzerne Brücke.

Amira Idris-Town, Lee-Anthony Town, Matthew Kettle, **Ecospace Studios,** London / Wochenendhaus in Wimbledon

→ „Ecospace Studio ist ein modernes und den Bedürfnissen vieler Menschen gerechtes Wohnstudio. Dabei ist die Qualität in einigen Punkten sogar noch besser als bei einem herkömmlichen Anbau: Die Studios sind nach modernsten Wohnstandards gebaut, mit hochqualitativer Dämmung und Doppelverglasung, um hohe Standards in Sachen Komfort und Sicherheit zu gewährleisten. Und bei alldem beträgt die durchschnittliche Aufbauzeit vor Ort nur fünf bis acht Tage."

Gartenhaus de luxe

→ Auch so kann man die Aufgabe Hausbau angehen: Als Ergänzung zu einem bestehenden Gebäude, als Gartenhaus de luxe, angesiedelt irgendwo zwischen Dauercampen und Luxusyacht. Wie auch immer man die Fertighaus-Studios der Firma Ecospace aus England bezeichnen will, sie sind ein voller Erfolg, denn sie füllen genau die Lücke zwischen Gartenhaus und Anbau. Zahlreiche Modelle in sehr unterschiedlichen Formaten wurden bereits ausgeliefert, auch in Deutschland. Das Prinzip dabei ist immer ein modulares, sodass Kostenvorteile durch Serienproduktion entstehen können. Die Grundmodule bestehen aus eleganten Wohncontainern von 15,2 bis 27,4 Quadratmetern Innenfläche. Die äußere Hülle besteht aus Zedernholz, im Inneren sind Multiplexplatten, die mit Birkenholz furniert wurden. Dazwischen liegt, wenn gewünscht, eine Dämmschicht aus Styropor, die das Studio auch im Winter nutzbar macht. Das Dach wird nach Wunsch flach oder geneigt ausgeführt, aber immer begrünt, der Bodenbelag aus Kautschuk, einem Material aus der Industrie, das abriebfest ist und in vielen Farben geliefert werden kann.

→ Das hier gezeigte Beispiel aus Wimbledon steht im Garten eines typisch englischen Landhauses und nimmt dessen ganze Breite ein. Die Familie wünschte sich mehr Raum und bestellte ein Studio, das ein Arbeitszimmer mit einem Freizeitraum verknüpft. Dazwischen liegt eine Garage, die von der Rückseite her befahren wird. Das Studio hat eine winzige Küche und ein Bad, könnte also als eigenständiges Haus bewohnt werden. Es wird auch als Gästehaus genutzt, geschlafen wird dann in Kojen unter dem Satteldach. Das Charmante an so einem Studio sei, meint Architekt und Inhaber von Ecospace Deutschland Viktor Greimel, dass es in der Regel frei stünde und nicht an das Haupthaus angeschlossen sei. Um dorthin zu gelangen, müsse man den Garten durchqueren: „Das ist wie jeden Tag ein kleiner Urlaub mit Blick auf das eigene Haus." Anders als eine klassische Gartenlaube sei es aber das ganze Jahr über nutzbar, die Fußbodenheizung ist bereits vormontiert. Viktor Greimel vertreibt die Studios in Deutschland. Sie werden hierzulande in der Regel wie ein Gartenhaus behandelt, die Vorschriften dafür sind allerdings in jedem Bundesland anders.

Gebaut, um ein Leben lang zu halten: Wie ein eleganter überdimensionaler Holzbaukasten muten die modernen Studios von Ecospace an. Sie eignen sich als Arbeitsraum, Freizeit- oder Gästehäuser, können aber auch das ganze Jahr über bewohnt werden.

Die Fenster liegen über Eck, im Winkel jeweils die Stützen für das Dach. Festverglasung hilft, die Kosten zu senken.

Die Fassade besteht aus Zedernholz, das mit seiner leicht rötlichen Tönung eine wohnliche Atmosphäre transportiert.

Linke Seite oben: Die optional angebotenen Schraubfundamente erübrigen eine aufwändigere Fundamentlegung und gleichen Unebenheiten auf dem Gelände aus. Zudem funktionieren sie wie ein praktisches Podest für das Haus, mit dem die Räume verbunden sind.

Unten: Die Auskleidung mit Birkenholz verleiht den Innenräumen eine angenehme Wärme. Die vorinstallierten Lichtspots sind dezent in die Deckenverkleidung eingebaut.

Unter den Dachschrägen sind zwei Schlafkojen eingebaut. Die mit Birkenholz furnierten Wandverkleidungen sind nach Angaben der Architekten viel einfacher zu verarbeiten als Gipskartonplatten.

Rechte Seite: Durch die modulare Bauweise lassen sich autonome Räume schaffen, die mit eigenem Eingang versehen zum idealen Arbeitszimmer werden.

Lageplan

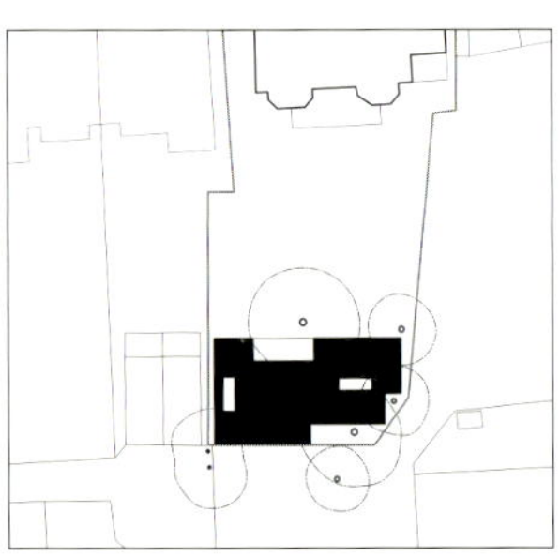

Schnitt M 1:200

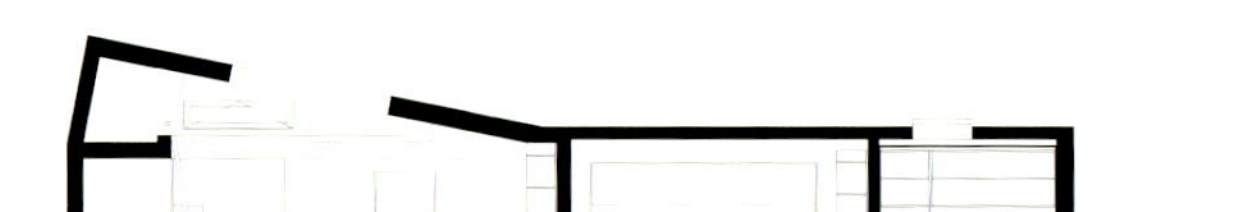

Grundstücksgröße: k.A.
Wohnfläche: 67 m²
(+10 m² unter Pultdach)
Zusätzl. Nutzfläche: 10 m²
Anzahl der Bewohner: variabel
Bauweise: Modularsystem, Holzverschalung.
Innenausbau mit Multiplexplatten und Birkenholzfurnier
Energiekonzept: Moderne elektrische Flachheizkörper mit geringen Verbrauchswerten oder eine sparsame Fußbodenheizung
Heizwärmebedarf: k. A.
Primärenergiebedarf: k. A.
Fertigstellung: 2009
Baukosten: ca. 170.000 Euro

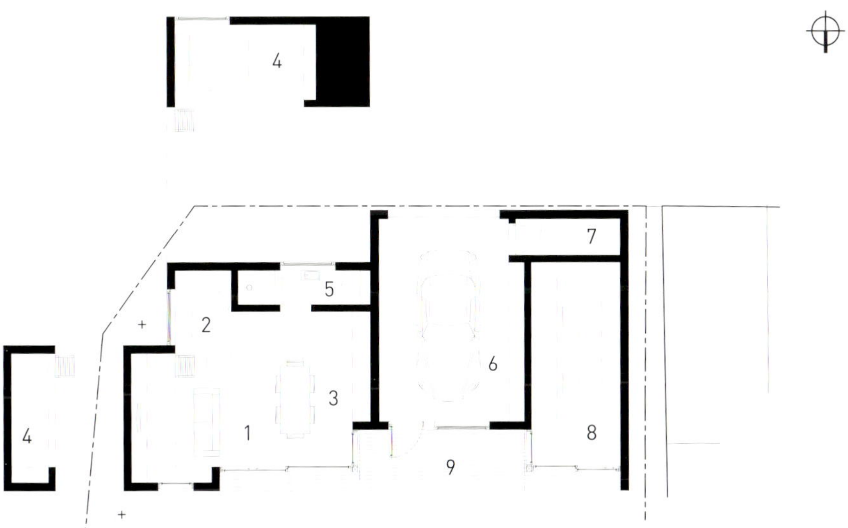

Erdgeschoss M 1:200

1 Wohnen
2 Kochen
3 Essen
4 Galerie/Schlafen
5 Bad
6 Garage
7 Abstellraum
8 Arbeiten
9 Terrasse

Vladimir Doray, **Wild Rabbits Architects,** Paris / Hinterhofhaus in Bagnolet bei Paris

→ Eine Bauaufgabe für Tüftler: Ein kleines Haus sollte in einem engen Pariser Hinterhof platziert werden. Architekt Vladimir Doray löste sie mit geringen finanziellen Mitteln, aber viel Fantasie. Versetzte Räume ermöglichen die Anlage von zwei Lichtschächten, über die überraschend viel Licht in das Haus fallen kann.

Geteiltes Volumen

→ Geradezu abenteuerlich ist die Baugeschichte des Hinterhofhauses im Pariser Stadtteil Bagnolet. Hier arbeitete zuvor ein Kaminbauer in einem fensterlosen Schuppen. Der wurde abgerissen. An seine Stelle sollte ein Wohnhaus gesetzt werden, das vom Architekten mit ironischem Zungenschlag stets „Villa" genannt wird. Von großzügiger Anlage, idyllischem Blick in die Landschaft oder anderen Eigenheiten dieses Bautypus kann hier jedoch keine Rede sein: Die Lage im städtischen Hinterhof ist beengt und ebenso begrenzt war auch das Budget des Bauherrn.

→ Infolge der knappen Ressourcen wurde für die Ausführung ein Bauunternehmen gewählt, das bei Weitem das günstigste Angebot abgegeben hatte. „Nie wieder!", kommentiert Architekt Vladimir Doray, „dass das Haus überhaupt fertig wurde, gleicht einem Wunder." Ein Wunder, dem er tatkräftig nachhalf, indem er den Arbeitern aus Serbien und Israel eigenhändig auf der Baustelle die grundlegenden Handwerkstechniken beibrachte. Schalungen zum Gießen der Betonstützen wurden auf anderen Baustellen ausgeborgt und waren viel zu klein, die Treppe wurde aus Stahlgittern konstruiert und der Bauherr stellte schließlich, weil an Wänden und Leitungen gespart werden sollte, auch noch seine Badewanne mitten ins Schlafzimmer. „Das Ergebnis ist ziemlich ätherisch", fasst der Architekt lakonisch zusammen, „es funktioniert aber gut." Das liegt vor allem an den interessanten Blickbeziehungen und den Lichtverhältnissen. Beide ergeben sich dadurch, dass Doray das Volumen des Hauses aufteilte und diagonal zueinander versetzte. Auf diese Weise entstanden zwei Terrassen und Lichthöfe. Licht dringt von verschiedenen Seiten und zusätzlich durch Oberlichter ein. Der Blick auf die fensterlose und acht Meter hohe Rückwand eines Nachbarhauses wurde mit einem großen Badfenster beantwortet, in das von außen, trotz der städtischen Lage, niemand hineinschauen kann. Das Haus ruht auf einem komplett gewerblich genutzten Erdgeschoss und ist durch das Vorderhaus über eine Treppe erreichbar. Die Konstruktion besteht im Erdgeschoss aus Beton, darüber aus einem Stahlträgerfachwerk, das mit Ziegelmauerwerk aufgefüllt wurde. Das Dach, eine Holzkonstruktion, ist mit dem typisch pariserischen Zink gedeckt.

Industrie trifft Wohnen: die kühle Konstruktion aus Beton und Winkelblechen eröffnet interessante diagonale Perspektiven und Ausblicke auf einen pittoresk gestalteten Innenhof.

Vom Schlafzimmer direkt ins Bad. In der industriellen Ästhetik eines Lofts setzt der Bauherr mit barockisierenden Möbeln und traditionellen Tapeten spielerische Kontraste.

Auch die dunkelblauen Kacheln im Bad setzen Akzente. Die Dusche in einer Stahltrommel thematisiert wiederum den ruppigen Charme von Gewerbebauten.

Trotz seiner großen Fensterfront und städtischer Lage können die Räume nicht eingesehen werden. Das Haus steht in einem geschlossenen Hinterhof.

Die Decke wurde aus preiswerten Trapezblechen gebaut. Ein schmaler Einschnitt öffnet die Küche zum Treppenhaus.

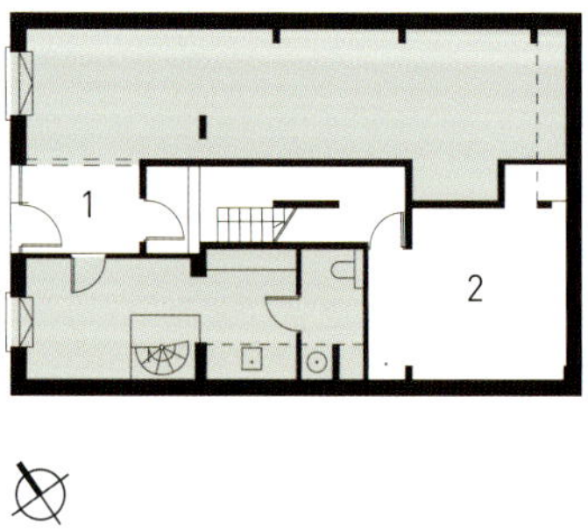

Erdgeschoss M 1:300

1 Eingang/Garderobe
2 Arbeiten/Gast

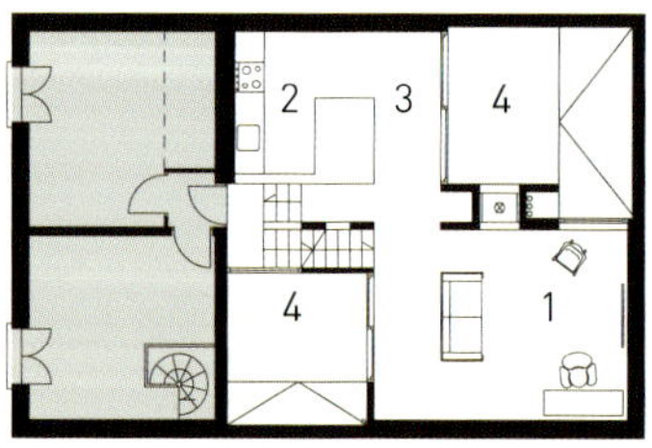

1. Obergeschoss M 1:300

1 Wohnen
2 Kochen
3 Essen
4 Terrasse

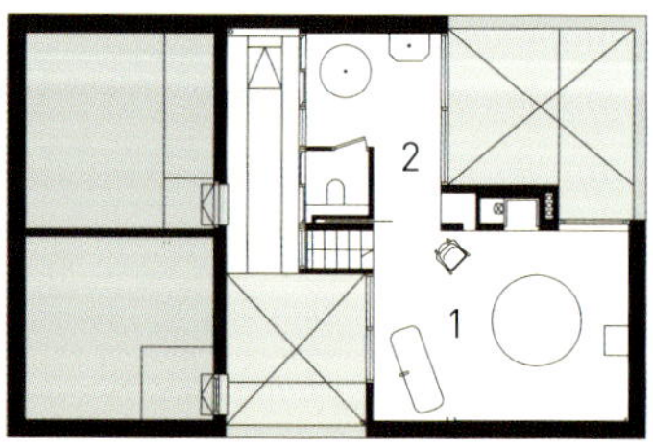

2. Obergeschoss M 1:300

1 Schlafen
2 Bad

Interior Design ist ein wichtiger Teil des von individuellem Geschmack geprägten Gesamtkonzepts. Dass die Badewanne mitten im Schlafzimmer steht ebenfalls.

Die Isometrien unten zeigen die Gesamtsituation, die mangels Abstand nicht mit einer Kamera abzubilden ist. Für den Neubau wurde ein Schuppen im Hinterhof abgerissen (unteres Bild). Das neue Wohnhaus mit seinen beiden diagonal zueinander versetzten Volumina steht nun auf den rückwärtigen Räumen eines Ladengeschäfts – Pariser Immobilienpreise machen erfinderisch.

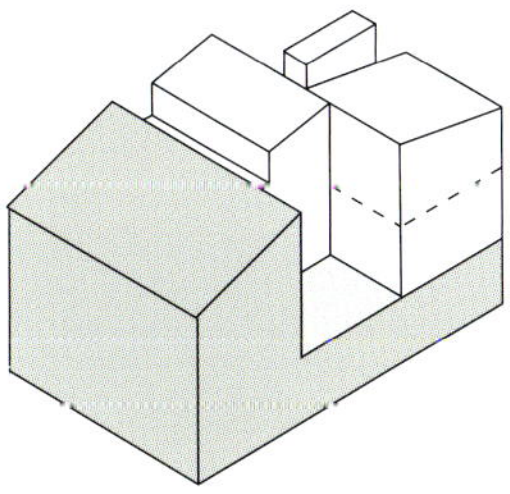

Ist-Zustand

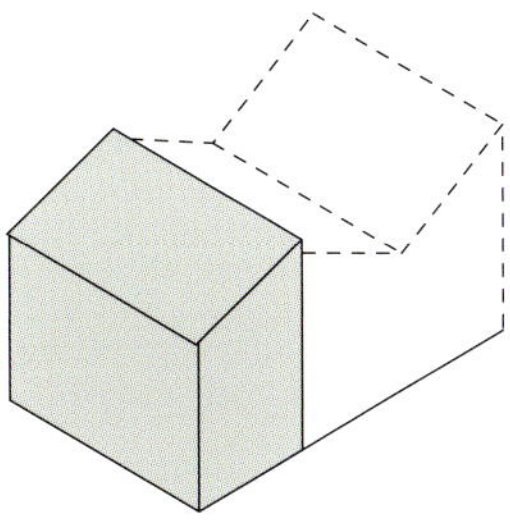

vorher

Perspektive ohne Maßstab

Grundstücksgröße: 96 m²
Wohnfläche: 60 m²
Zusätzl. Nutzfläche: 120 m² (Boutiquc)
Anzahl der Bewohner: variabel
Bauweise: Stahlträgerfachwerk und Beton, Ziegelmauerwerk, Dach: Holzkonstruktion mit Zink gedeckt
Energiekonzept: Wärmepumpe
Heizwärmebedarf: 110 kWh/m²a
Primärenergiebedarf: k. A.
Fertigstellung: 2009
Baukosten: 120.000 Euro

Lageplan

Studio Aisslinger
Heidestraße 46–52
10557 Berlin
www.aisslinger.de
Seite: 108
Fotos Seite 109: Steffen Jänicke
Foto Seite 110 u.: Studio Aisslinger
Fotos Seite 110 o. und 111: Hannes Meraner
Architektenporträt: Tom Nagy, Hamburg

Buddenberg Architekten
Tannenstraße 9
40476 Düsseldorf
www.buddenberg-architekten.de
Seite 14
Fotos Seite 15 und 16: Michael Reisch, Düsseldorf
Fotos Seite 17: Christian Veit, Düsseldorf

Clarke und Kuhn
Freie Architekten BDA
Schlesische Straße 29–30
10997 Berlin
www.clarkeundkuhn.de
Seite 122
Fotos: Tomek Kwiatosz, Berlin

ecospace Deutschland
Einfangstraße 10
82211 Breitbrunn am Ammersee
www.ecospacestudios.de
Seite 160
Fotos: Andy Spain, GB-London

fabi architekten bda
Glockengasse 10
93047 Regensburg
www.fabi-architekten.de
Seite 18
Fotos: Herbert Stolz, Regensburg

Architekten Fischer Berkhan
Stavangerstraße 21
10439 Berlin
www.fischer-berkhan.de
Seite 22
Fotos Seite 23, 25 o. und 26 u.: Peter Wildanger, Düsseldorf
Fotos Seite 24, 25 li. u. und 26 oben: Thomas Herrmann, Stuttgart
Foto Seite 25 re. u.: Marion Klahm, Balingen

Architekt DI Gerhard Fischill
Tobersbergerweg 6
A-4040 Linz
www.fischill-architekt.at
Seite 136
Fotos: Gerhard Fischill, A-Linz

Friedl und Partner Architekten
Dr.-Hans-Kapfinger-Straße 30
94032 Passau
www.friedlundpartner.de
Seite 132
Fotos: Rafael Friedl, Passau

H²M Architekten
Stadtsteinacher Weg 28
95326 Kulmbach
www.h2m-architekten.de
Seite 34 und 38
Fotos: Herbert Stolz, Regensburg

Herzog Architektur
Frühlingstraße 69
85354 Freising
www.herzog-architektur.de
Seite 28
Fotos: Sigrun Lenk, Architekturfotografie, Freising

Kunst + Herbert
Büro für Forschung und Hausbau
Henriettenweg 1
20259 Hamburg
www.kunstherbert.de
Seite 42
Fotos: Oliver Heissner, Hamburg
Architektenporträt: Johannes Arlt / laif

Architekten- und Bildnachweis

Madritsch Pfurtscheller
Erzherzog-Eugen-Straße 41
A-6020 Innsbruck
www.madritschpfurtscheller.at
Seite 142
Fotos: Nikolaus Schletterer, A-Kufstein

Mitto Architekten
Bernadottestraße 209
22605 Hamburg
www.mitto.net
Seite 46
Fotos: Ulrich Gehner, Hamburg

Nieberg Architect
Waterloostraße 1
30169 Hannover
www.nieberg-architect.de
Seite 52
Fotos: Axel Nieberg, Hannover

Palais Mai
Goethestraße 19
80336 München
www.palaismai.de
Seite 58
Fotos: Simone Rosenberg, Düsseldorf / München

Quick Bäckmann Quick & Partner
Architekten BDA
Stubenrauchstraße 26
14482 Potsdam
www.qbq-architekten.de
Seite 62
Fotos: Petersen Klinker, S. Dauth; Henner Rolvien, Potsdam

Reichel Architekten BDA
Wolfsschlucht 6
34117 Kassel
www.reichel-architekten.de
Seite 68
Fotos: Constantin Meyer, Köln

Peter Riether
Freier Architekt
Lärchenweg 6
88097 Eriskirch
riether.architektur@arcor.de
Seite 74
Fotos: Johannes Kottjé, Marktredwitz

Schamp & Schmalöer
Architektur und Städtebau
Konrad-Adenauer-Allee 10
44263 Dortmund
www.schamp-schmaloeer.de
Seite 80
Fotos: angela raab photography, Dortmund

Atelier D.I. Oliver Seindl Architekt
Anichgasse 4
A-8051 Graz
www.hirschgeweih.at
Seite 148
Fotos: Archiv der KLH Massivholz GmbH
Architektenporträt: Atelier Sommer, A-Graz

seyfarth architekt bda
Striehlstraße 3
30159 Hannover
www.s-architekt.de
Seite 84
Fotos: Jens-Uwe Seyfarth, Hannover
Fotos Seite 87 u. und 88 u.: Lisa Rupperts, Hannover

SoHo Architektur
Fuggergasse 1
87700 Memmingen
www.soho-architektur.de
Seite 90
Fotos Seite 91, 93 und 95: Zooey Braun, Stuttgart
Foto Seite 94: Rainer Retzlaff, Wallenhofen

Architekten Prof. Dipl.-Ing. Harald Stricker und Dipl.-Ing. Nicolas Hein
Dachauer Straße 14
80335 München
info@style-gib.de
Seite 96
Fotos Seite 97–100 o.: Quirin Leppert, München
Foto Seite 100 u.: Harald Stricker, München

thaler.thaler architekten
Halbgasse 6/9
A-1070 Wien
mail@thalerthaler.at
Seite 154
Fotos: Rupert Steiner, A-Wien
Porträt: Paul Sturm, A-Wien

Traut Architekten
Feldbergstraße 15
65520 Bad Camberg
www.traut-architekten.de
Seite 102
Fotos: Jens Görlich, Oberursel

VONBOCK Architekten
Blumhardtstraße 41
73035 Göppingen
Heinrich-Baumann-Straße 30
70190 Stuttgart
www.von-bock.de
Seite 116
Fotos Seite 117: Von Bock Architekten, Stuttgart
Fotos Seite 118–120: Andrea Thum, Göppingen

Wacker Zeiger Architekten
Gaußstraße 60
22765 Hamburg
www.wackerzeiger.de
Seite 112
Fotos Seite 113, 114 re. und 115: Martin Böttcher, Hamburg
Foto Seite 114 li.: Bauherr

Wild Rabbits Architects
19, rue de la Chapelle
F-75018 Paris
www.wildrabbits.fr
Seite 166
Fotos: Christoph Theurer, F-Paris

zink-küsters architekten
Wiesenstraße 24
71566 Althütte/Waldenweiler
www.zink-kuesters.de
Seite 126
Fotos: Zoodesign, Bernd Seliger, Schwäbisch Gmünd

Einleitung:
Foto Seite 1: Von Bock Architekten, Stuttgart; Foto Seite 2: Gerhard Fischill, A-Linz; Fotos Seite 7: Herbert Stolz, Regensburg; Fotos Seite 9: Oliver Heissner, Hamburg; Fotos Seite 10–11: Christoph Theurer, F-Paris

Umschlag:
Abbildung Vorderseite: Andy Spain, London
Abbildungen Rückseite (von links nach rechts): Oliver Heissner, Hamburg; Herbert Stolz, Regensburg; Tomek Kwiatosz, Berlin

Alle abgebildeten Zeichnungen und Pläne wurden von den jeweiligen Architekturbüros zur Verfügung gestellt.

Streitfeldstraße 35,
81673 München
www.callwey.de
E-Mail: buch@callwey.de

2. Auflage 2010

Bibliografische Informationen der Deutschen Nationalbibliothek
Die Deutsche Nationalbibliothek verzeichnet diese Publikation in der Deutschen Nationalbibliografie; detaillierte bibliografische Daten sind im Internet über <http://dnb.d-nb.de> abrufbar

ISBN 978-3-7667-1835-8

Lektorat:
Katrin Pollems-Braunfels, München
Schutzumschlaggestaltung:
independent Medien Design, München
Buchgestaltung, Satz:
griesbeckdesign, München
Druck und Bindung: Offizin Andersen Nexö, Leipzig

Printed in Germany 2010

Impressum